LA LIBERACIÓN
EL PAN DE LOS HIJOS

GUILLERMO MALDONADO

LA LIBERACIÓN
EL PAN DE LOS HIJOS

GUILLERMO MALDONADO

Nuestra Misión

Llamados a traer el poder sobrenatural de Dios a esta generación

La Liberación, el Pan de los Hijos
Edición Revisada en Julio 2010
ISBN: 978-1-59272-370-6

©Todos los derechos están reservados por:
Ministerio Internacional El Rey Jesús/ERJ Publicaciones.
Esta publicación no puede ser reproducida ni alterada, parcial o totalmente, archivada en un sistema electrónico, transmitida bajo ninguna forma electrónica, mecánica o fotográfica, grabada ni copiada de ninguna manera, sin permiso previo, por escrito, del autor.

Directora del Proyecto: Addilena Torres
Edición: Jose M. Anhuaman
Diseño Interior: Jose M. Anhuaman
Diseño de Portada: ERJ Publicaciones
Categoría: Liberación

Publicado por:
Ministerio Internacional El Rey Jesús
14100 SW 144 Ave. Miami, FL 33186
Telf. 305.382.3171 – Fax 305.382.3178

Impreso en los Estados Unidos de América

Dedicatoria

En primer lugar, dedico este libro a mi Padre Celestial, quien me ha permitido acceder a la revelación de esta parte de Su ministerio, que es *La Liberación, el Pan de los Hijos*. A mi familia, sin cuyo apoyo no podría haber caminado estas tres décadas de ministerio, llevando la palabra de Dios a cientos de miles de personas en más de 70 países del hemisferio. A todas las personas que trabajan a mi lado en El Rey Jesús: ustedes son uno de los recursos más valioso que Dios me ha dado.

¡Gracias Padre por el privilegio de ser Tu hijo!

Agradecimiento

Agradezco a todos aquellos que han puesto sus manos en el arado; pues los considero una parte esencial en el establecimiento y desarrollo del ministerio de la liberación en el cuerpo de Cristo. Gracias a todas aquellas personas que, de una u otra forma, han sido partícipes de la liberación de muchos hijos de Dios que estaban atados por las obras del enemigo.

Índice

Introducción	11
Capítulo 1. El Pan de los Hijos	15
Capítulo 2. Libres de la Iniquidad	35
Capítulo 3. Cómo Vencer la Ira o el Enojo	51
Capítulo 4. La Batalla de la Mente y la Inmoralidad Sexual	69
Capítulo 5. La Inmoralidad Sexual y los Demonios	85
Capítulo 6. Las Diez Prácticas Sexuales Ilícitas más Comunes	97
Capítulo 7. Brujería, Hechicería, Ocultismo y Sectas	131
Capítulo 8. La Baja Autoestima	161
Capítulo 9. ¿Quiénes Somos en Cristo Jesús?	177
Capítulo 10. La Obesidad y la Glotonería	191
Capítulo 11. La Autoliberación	217
Otros Libros por Guillermo Maldonado	233
Bibliografía	235

Introducción

A través de los años que llevo sirviendo al Señor, he encontrado que el ministerio de la liberación es fundamental en el crecimiento espiritual de la iglesia de Cristo, tanto para creyentes nuevos como para los que llevan años en el camino. Parece ser algo extraño para muchos, pero es una realidad que hay que reconocer.

Estamos atravesando por un momento donde el Espíritu Santo está haciendo grandes cambios y reformas en su iglesia, y uno de ellos es la restauración del ministerio de la liberación. Éste es un tema que acarrea grandes argumentos, pero también grandes bendiciones para todos aquellos que reciben esta revelación.

El tema de la liberación es muy extenso, pero es algo que el pueblo de Dios tiene que conocer. Es muy triste saber que, hoy en día, los hijos de Dios todavía están en miseria espiritual, debido a su falta de conocimiento; o inclusive, con fortalezas en su mente que les impiden creer en todo lo que su Padre Celestial tiene para ellos. Solamente imagínese lo siguiente: Le acaban de regalar una mansión lujosa, con todas las comodidades con las que usted siempre ha soñado. Hay muchas puertas que dirigen a diferentes lugares de la mansión, lugares que le gustaría disfrutar, tales como: la piscina, el salón de juegos, el jardín, el gimnasio y otros. Pero usted se encuentra encerrado en una habitación de la que no puede salir, ya sea por falta de conocimiento y revelación, por costumbres de hombres, por fortalezas establecidas en su mente o por ataduras. ¿No le parece que está desaprovechando ese regalo tan maravilloso?

De igual manera, sucede con las personas que reciben al Señor como su Salvador. Primero, recibieron su salvación por gracia, pues no hicieron nada para ganarla, como la mansión; y no van más allá, porque se encuentran encerrados en una habitación (llámese costumbres de hombres, fortalezas, falta de conocimiento o doctrinas), desaprovechando todas las bendiciones que pueden recibir con tan sólo abrir la puerta al ministerio de la liberación. Notemos que el regalo no se pierde, simplemente no se aprovecha (esto es para el caso de las personas que llegan a extremos, pensado que si no hay liberación, no hay salvación); pues, por el hecho que una persona esté desaprovechando el pan de los hijos, que es la liberación, no quiere decir que no sea salva.

Nuestro Padre Celestial desea que sus hijos sean bendecidos, y que todo lo que está impidiendo que así sea, desaparezca. Sólo imagínese el dolor que, como padre, Él experimenta al ver a sus hijos padecer tantas adversidades a raíz de no creer en su Palabra. Es hora de que nos levantemos y descubramos la influencia del enemigo en nuestra vida, y que aprovechemos el pan de los hijos para ser libres de ella. Creo que este libro va a ser de gran ayuda para este propósito.

Capítulo 1

El Pan de los Hijos

Hoy en día, la iglesia de Jesús tiene gran falta de conocimiento en el área de la liberación. Sí, es verdad que hay muchos ministerios que han tenido esta revelación, pero la mayoría continúa atada a tradiciones que no le permiten entrar a otras dimensiones de revelación de la Palabra. Es decir, que hay verdades que han estado en las Escrituras desde siempre, pero que no hemos visto ni entendido debido a nuestro orgullo espiritual y costumbres de hombres.

Existen tres áreas específicas, en las cuales la falta de conocimiento se hace latente, y son las siguientes:

1. **El área de lo apostólico**

    Esto tiene que ver con una reforma que Dios está trayendo al cuerpo de Cristo; una enmienda, una corrección para enderezar muchas cosas que han estado torcidas en el cuerpo de Cristo. Por medio de los apóstoles, Dios está trayendo un rediseño, nuevas verdades que han estado escritas durante siglos, pero que no habíamos visto debido a las tradiciones que nublaban nuestro entendimiento. El Señor está trayendo cambios para corregir todo aquello que no está de acuerdo a su voluntad, y para cambiar la vieja manera de pensar de los creyentes.

2. El área de lo profético

Esta área tiene que ver con traer revelación de lo sobrenatural de Dios (milagros, profecías, sanidades, dones del Espíritu Santo) y con traer del mundo invisible lo mencionado anteriormente, para que sea manifestado en el mundo físico. Lo profético de Dios no es simplemente profetizar, sino también, expresar la mente y el corazón de Dios en una dimensión sobrenatural.

3. El área de la liberación y guerra espiritual

Precisamente, es en esta área, que quiero abundar, porque es un área donde el cuerpo de Cristo tiene mucha necesidad. Para ello nos haremos algunas preguntas, y con la ayuda del Señor las contestaremos por medio de la Escritura.

¿Qué es la guerra espiritual?

Es el desplazamiento permanente de los poderes demoníacos y la eliminación de todos los sistemas que los alimentan. Es cerrar las puertas que le dieron lugar al enemigo para que entrara a nuestra vida.

La verdadera guerra espiritual tiene que ver con quitar, echar fuera los demonios que están arraigados en una persona, ciudad o nación, de una forma permanente.

Para esto, es necesario que eliminemos los sistemas que hacen que esos espíritus se alimenten con poder y tengan derecho legal sobre nosotros. Es necesario, también, cerrar todas las puertas que les dieron entrada. Por ejemplo, un individuo que sufrió un abuso, necesita perdonar a su abusador y cerrar la puerta que esta situación le abrió al enemigo. Si es una ciudad en la que los demonios se introdujeron por una puerta de pecado de idolatría, es importante que este pueblo se arrepienta y le pida perdón a Dios, cerrando así la puerta que le daba derecho al enemigo sobre la ciudad.

En conclusión, la guerra espiritual se completa cuando movemos, quitamos y echamos fuera los demonios; cuando les cortamos las líneas de supervivencia y les cerramos las puertas por donde entraron.

¿Cómo se inició el ministerio de liberación?

El ministerio de la liberación se inició con Juan el Bautista, cuando comenzó a preparar al pueblo de Israel para recibir el Reino de Dios. Con la predicación del Reino de Dios, se inicia el ministerio de liberación que Jesús trajo.

"¹En aquellos días se presentó Juan el Bautista predicando en el desierto de Judea, ²y diciendo: Arrepentíos, porque el reino de los cielos se ha acercado". Mateo 3.1, 2

¿Qué fue lo que dijo Jesús acerca de Juan el Bautista y el Reino de Dios?

"Desde los días de Juan el Bautista hasta ahora, el Reino de los cielos sufre asalto violento, y los hombres violentos lo arrebatan a la fuerza (como a un premio precioso/una acción en el

Reino de los cielos buscada con celo ardiente y con esfuerzo intenso)". Mateo 3.1, 2 (Biblia Amplificada)

La razón por la cual Jesús dice que, desde los días de Juan el Bautista, el Reino de los cielos sufre violencia, es porque fue Juan quien comenzó a predicar el Reino de Dios, y ése fue el momento en que comenzó la confrontación con el diablo. Cuando se predica el Reino de Dios, la manifestación visible es la liberación. En otras palabras, el diablo se enfureció más cuando se dio cuenta de que los días de poseer y oprimir a los seres humanos se le terminaban.

Jesús comienza predicando el Reino

"[15]Diciendo: El tiempo se ha cumplido y el reino de Dios se ha acercado; arrepentíos y creed en el evangelio". Marcos 1.15

La llegada de Jesús fue preparada por Juan el Bautista, a través de su prédica constante acerca del Reino. Asimismo, Jesús inicia su ministerio, enseñando y predicando acerca del Reino de Dios, que es lo que iba a traer la liberación de demonios a las personas.

Jesús confrontó a los demonios

"[23]Pero había en la sinagoga de ellos un hombre con espíritu impuro, que gritó: [24]—¡Ah! ¿Qué tienes con nosotros, Jesús nazareno? ¿Has venido a destruirnos? Sé quién eres: el Santo de Dios. [25]Entonces Jesús lo reprendió, diciendo: —¡Cállate y sal de él! [26]Y el espíritu impuro, sacudiéndolo con violencia y dando un alarido, salió de él. [27]Todos se asombraron, de tal manera que discutían entre sí, diciendo: —¿Qué es esto? ¿Qué nueva doctrina es ésta, que con autoridad manda aun a los

espíritus impuros, y lo obedecen? ²⁸Muy pronto se difundió su fama por toda la provincia alrededor de Galilea".
Marcos 1.23-28

Jesús estaba hablando en la sinagoga con autoridad, y los demonios no pudieron aguantar más la unción que había en Él. De repente, el hombre gritó dando voces en alto al frente de todos los que estaban allí:

"²⁴—¡Ah! ¿Qué tienes con nosotros, Jesús nazareno? ¿Has venido a destruirnos? Sé quién eres: el Santo de Dios". Marcos 1.24

Seguidamente, Jesús le reprende, lo manda a callar y le ordena que salga de él. Ahora, recordemos que ninguna persona antes de Jesús había echado fuera a un demonio. En el Antiguo Testamento, lo más cercano o parecido a esto, lo vemos cuando David tocaba el arpa, y el espíritu malo que estaba sobre Saúl, se apartaba. Eso había sido lo más cercano a echar fuera demonios antes que Jesús llegara. Ninguna persona, profeta, sacerdote o rey tenía la autoridad para echar fuera demonios. Antes de Jesús, nadie le había ordenado a un demonio que saliera de una persona. Jesús fue el primero en hacerlo al iniciar su ministerio predicando el Reino de Dios. Esto causó que los dos reinos chocaran violentamente, provocando el asombro de todos los presentes. La liberación de demonios en las personas es una demostración visible de que el Reino de los cielos ha llegado a una región o un lugar. Hay muchos ministerios que no creen en la liberación, por lo tanto, no existe liberación de demonios en medio de ellos. Lo triste es que, si no existe la liberación de demonios, es porque no están predicando el Reino de Dios.

La liberación y el ministerio de Jesús

¿Cuál era el ministerio de Jesús?

Dondequiera que Jesús iba, el Señor desplegaba los cuatro aspectos principales de su ministerio:

1. Predicaba
2. Enseñaba
3. Sanaba
4. Echaba fuera demonios

"²³Recorría Jesús toda Galilea, enseñando en las sinagogas de ellos, predicando el evangelio del Reino y sanando toda enfermedad y toda dolencia en el pueblo. ²⁴Se difundió su fama por toda Siria, y le trajeron todos los que tenían dolencias, los afligidos por diversas enfermedades y tormentos, los endemoniados, lunáticos y paralíticos, y los sanó".
Mateo 4.23, 24

"³⁹Y predicaba en las sinagogas de ellos en toda Galilea, y echaba fuera los demonios". Marcos 1.39

A través de todos los evangelios, vemos a Jesús haciendo estas cuatro cosas: predicar, enseñar, sanar a los enfermos y echar fuera demonios. Hoy en día hay muchos pastores, ministros y creyentes que practican las tres primeras, pero no se atreven a echar fuera demonios, debido a que el ministerio de la liberación es muy controversial y perseguido. Cuando se predica y se enseña acerca del Reino, los demonios se empiezan a manifestar y las personas comienzan a ser libres.

¿Por qué esto no sucede en algunos ministerios e iglesias?

Porque se ha optado más por la sicología y siquiatría del mundo que por lo que Jesús enseñó con su ejemplo. Hemos ido a buscar métodos del mundo para ayudar a la gente que está deprimida y atada. Les estamos dando armas carnales y humanas para que solucionen problemas que son mayormente espirituales; y por eso, vemos personas que siguen tan oprimidas como cuando llegaron a la iglesia. En vez de darles las soluciones de Dios y de creer en el poder de la cruz, en la sangre, en la Palabra y en la unción del Espíritu Santo de Dios, les estamos dando consejos y remedios de hombres.

Jesús lidia con la raíz del problema

"[10]Enseñaba Jesús en una sinagoga en sábado, [11]y había allí una mujer que desde hacía dieciocho años tenía espíritu de enfermedad, y andaba encorvada y en ninguna manera se podía enderezar. [12]Cuando Jesús la vio, la llamó y le dijo: —Mujer, eres libre de tu enfermedad. [13]Puso las manos sobre ella, y ella se enderezó al momento y glorificaba a Dios. [14]Pero el alto dignatario de la sinagoga, enojado de que Jesús hubiera sanado en sábado, dijo a la gente: —Seis días hay en que se debe trabajar; en éstos, pues, venid y sed sanados, y no en sábado" Lucas 13.10-14

En estos pasajes veamos cómo Jesús lidia con un demonio que atormenta a una mujer. Ella tenía un espíritu de enfermedad del cual es liberada, recibiendo inmediatamente la sanidad. Por tanto, podemos decir que hay ciertas enfermedades que son provocadas por demonios. Jesús le dice: *"Mujer sé libre de tu enfermedad"*, pone sus manos sobre ella y queda libre. Esto acusa directamente al diablo por esa enfermedad.

En nuestras iglesias, en muchas ocasiones, queremos libertar al pueblo "quitándole la telaraña", pero dejamos "la araña". Decimos: "es una enfermedad psicosomática"; "es un problema de la retina"; "es un dolor de espalda y necesita ir al quiropráctico"; "es un problema de depresión aguda", "es un problema mental". Tratamos de atribuirle los síntomas a diagnósticos sicológicos o físicos, cuando en realidad, son espíritus inmundos que están atormentando a la gente; seguimos sacando la "telaraña", pero hasta que no echemos fuera al demonio, la persona nunca va a poder ser libre.

Miremos otros factores:

"³¹Entonces él se acercó, la tomó de la mano y la levantó; e inmediatamente se le pasó la fiebre y los servía". Marcos 1.31

"Inmediatamente la dejó libre". Con la lógica no podemos explicar cómo una fiebre se va inmediatamente. Queremos razonarlo todo, y no nos damos cuenta que la raíz del problema de la suegra de Pedro, era espiritual. Veamos algunos ejemplos:

"⁴²Tan pronto terminó de hablar, la lepra desapareció del hombre, y quedó limpio". Marcos 1.42

Al instante, la lepra se fue de aquél y quedó limpio.

"⁹¿Qué es más fácil, decir al paralítico: 'Tus pecados te son perdonados', o decirle: 'Levántate, toma tu camilla y anda'?". Marcos 2.9

"Tus pecados te son perdonados". En otras palabras, Jesús les estaba diciendo: 'La causa de tus enfermedades, son tus pecados, te los perdono, levántate y anda'. Cuando leemos en los evangelios lo que Jesús hizo, observamos que Él corta o lidia con el problema desde sus raíces. Es importante tener en cuenta que estamos tratando con entes demoníacos, seres que tienen personalidad y atormentan a la gente. Sé que para la mente humana es muy difícil entender lo sobrenatural de Dios, por eso es que intentamos explicar con razonamientos lógicos de humana sabiduría, aquellos problemas que sólo tienen una explicación, y es que su origen es espiritual. Simplemente creamos y practiquemos el ministerio de Jesús que consiste en predicar, enseñar, sanar a los enfermos y echar fuera demonios para obtener la victoria que buscamos.

¿A quién delega Jesús su autoridad para echar fuera demonios?

- A sus doce y setenta discípulos.

    "⁷Después llamó a los doce y comenzó a enviarlos de dos en dos, y les dio autoridad sobre los espíritus impuros".
    Marcos 6.7

    "¹Después de estas cosas, designó el Señor también a otros setenta, a quienes envió de dos en dos delante de él a toda ciudad y lugar adonde él había de ir. ²Y les decía: La mies a la verdad es mucha, mas los obreros pocos; por tanto, rogad al Señor de la mies que envíe obreros a su mies".
    Lucas 10.1, 2

- Jesús delega Su autoridad a todos los creyentes.

"¹⁷Estas señales seguirán a los que creen: En mi nombre echarán fuera demonios, hablarán nuevas lenguas...".
Marcos 16.17

¿Qué tenemos que hacer para que la expulsión de demonios ocurra en nuestra vida y ministerio?

Tenemos que practicar el ministerio de Jesús en toda la extensión de la palabra: enseñar el Reino de Dios, predicar, sanar a los enfermos y echar fuera demonios. Dios nos ha dado la autoridad para hacerlo sin temor. Llamemos a los espíritus por su nombre. Por ejemplo: "Espíritu de depresión, ¡fuera!"; "espíritu de cáncer y muerte, ¡fuera!"; "espíritu de adulterio y fornicación, ¡fuera!"; "espíritu de orgullo, ¡fuera!"; "espíritu de esquizofrenia, ¡suelta la mente de mi familia y de mis hijos!". Tenemos que ordenarles a todos esos espíritus, por su nombre, que se vayan de nuestras vidas y de las vidas de todos los hijos de Dios. No pensemos más que estos tormentos son sólo enfermedades, y que nada tienen que ver con lo espiritual; y más bien, solucionémoslos como lo que son, demonios que tienen que irse en el nombre de Jesús.

¿Cuál es la condición requerida para que un creyente eche fuera demonios?

- Tener una vida de obediencia y rectitud delante de Dios.

- Mantener una vida de devoción hacia Dios, en oración y ayuno constante y permanente.

¿Cómo sabemos que el reino de Dios ha llegado a un lugar?

"²⁸Pero si yo por el Espíritu de Dios echo fuera los demonios, ciertamente ha llegado a vosotros el reino de Dios".
Mateo 12.28

Sabemos que el reino de Dios ha llegado a una persona, a una iglesia, ministerio, ciudad o nación, cuando vemos en forma evidente, que las personas son libres de demonios, a los cuales se les cortan los sistemas de supervivencia, interrumpiendo las líneas de pecado que los alimentan y cerrándoles las puertas para que no vuelvan más a las personas. La expulsión de demonios es la señal visible de que el Reino de Dios ha llegado a un lugar.

¿Puede un creyente dar derecho legal al enemigo para que lo atormente?

Sí, claro que un creyente puede dar derecho legal al enemigo para que lo atormente. Esto sucede por medio de la práctica continua de un pecado.

"²⁷...ni deis lugar al diablo". Efesios 4.27

¿Cuál es la condición de las ovejas hoy día?

"³⁶Al ver las multitudes tuvo compasión de ellas, porque estaban desamparadas y dispersas como ovejas que no tienen pastor". Mateo 9.36

"⁷Y yendo, predicad, diciendo: "El reino de los cielos se ha acercado". ⁸Sanad enfermos, limpiad leprosos, resucitad muertos,

echad fuera demonios; de gracia recibisteis, dad de gracia".
Mateo 10.7, 8

Las ovejas, de acuerdo a lo que Jesús dice, están: desamparadas, dispersas, llenas de lepra, vacías espiritualmente, enfermas y oprimidas por el enemigo; y nosotros tenemos que limpiarlas.

Hoy día hay muchos creyentes en esta condición, que necesitan que los limpiemos y sanemos. En mi andar diario, encuentro una gran cantidad de cristianos golpeados, enlutados, y arrastrando culpabilidad, rechazo, baja autoestima; otros, atados a pecados sexuales, pornografía, masturbación, o esclavos de las pastillas para dormir; otros están en depresión, soledad y desamparados, arrastrando maldiciones generacionales de enfermedad, pobreza y divorcio; en fin, oprimidos por el enemigo. Nosotros los pastores, debemos comenzar a practicar el ministerio de Jesús; tenemos que limpiarlos y sanarlos, pues poseemos la autoridad y el poder en Cristo para hacerlo. Hay muchos ministros que prefieren ver a su pueblo atado antes que creer en la liberación, y lo hacen porque no quieren cambiar sus tradiciones y enseñanzas de hombres; no están dispuestos a exponerse a la persecución por hablar de la liberación. ¡Prediquemos el evangelio del Reino para que el pueblo de Dios sea libre!

La liberación es el pan de los hijos

"²¹Saliendo Jesús de allí, se fue a la región de Tiro y de Sidón. ²²Entonces una mujer cananea que había salido de aquella región comenzó a gritar y a decirle: —¡Señor, Hijo de David, ten

misericordia de mí! Mi hija es gravemente atormentada por un demonio. ²³Pero Jesús no le respondió palabra. Entonces, acercándose sus discípulos, le rogaron diciendo: —Despídela, pues viene gritando detrás de nosotros. ²⁴Él, respondiendo, dijo: —No soy enviado sino a las ovejas perdidas de la casa de Israel. ²⁵Entonces ella vino y se postró ante él, diciendo: —¡Señor, socórreme! ²⁶Respondiendo él, dijo: —No está bien tomar el pan de los hijos y echarlo a los perros. ²⁷Ella dijo: —Sí, Señor; pero aun los perros comen de las migajas que caen de la mesa de sus amos. ²⁸Entonces, respondiendo Jesús, dijo: —¡Mujer, grande es tu fe! Hágase contigo como quieres. Y su hija fue sanada desde aquella hora". Mateo 15.21-28

Observemos ciertos puntos importantes en estos versos:

- Viene a Jesús una mujer 'no judía' a buscar liberación para su hija.
- Jesús la ignora por completo.

"²⁶Respondiendo él, dijo: —No está bien tomar el pan de los hiijos y echarlo a los perros". Mateo 15.26

- Ante la insistencia de la mujer, Jesús le presta atención.

Jesús nos enseña algo extraordinario acerca de la liberación: la liberación es la dieta diaria de los creyentes. Por ejemplo, el pan no es algo que solamente es consumido en ocasiones especiales, como lo es por ejemplo el salmón. Jesús nos da a entender que lo que la hija de aquella mujer necesitaba es la dieta diaria de los hijos de Dios, que es el ministerio de la liberación. En el tiempo de Jesús, el pan era parte importante en la dieta diaria de una familia israelita. Con esto, lo que Jesús nos está explicando, es que el ministerio de la liberación es básico y esencial en la dieta espiritual de los hijos de Dios. Jesús dijo también que, no estaba bien darle ese ministerio, a los "perros", refiriéndose a quienes no eran judíos, o a quienes no le darían su justo valor. A menudo conocemos personas que creen que la liberación solamente es para los inconversos o para los incrédulos, pero les tengo noticias, Jesús dijo que la liberación es primero para los creyentes, los hijos e hijas de Dios que han nacido de nuevo, pero que todavía cargan con muchas opresiones demoníacas. Las iglesias están llenas de creyentes que aman a Dios, pero son esclavos de adicciones, se sienten rechazados, tienen falta de perdón y amargura. Ellos no entienden por qué, después de haber recibido a Cristo, todavía se sienten mal por cosas del pasado. La explicación es simple: necesitan liberación.

¿Puede un creyente ser o estar poseído por un demonio?

Yo creo que ningún creyente puede ser poseído por un demonio; pero sí, puede ser oprimido, obsesionado, deprimido, enfermado y atado por él. Si el creyente todavía tiene ciertas puertas abiertas que le dan derecho legal, tales como: maldiciones generacionales, traumas y abusos del pasado, la práctica constante de un pecado, entre otros, el enemigo tiene derecho legal para oprimirlo y atarlo. Usted y yo sabemos que no nos puede poseer, porque el Espíritu Santo vive dentro de nosotros, en nuestro espíritu, y la posesión implica ser dueño total de una persona, en espíritu, alma y cuerpo; por lo que si el Espíritu de Dios está en nosotros, el enemigo no puede estar. Sin embargo, sí puede oprimir el cuerpo, la mente, las emociones y la voluntad de un creyente, si éste le da derecho legal.

¿Por qué un creyente necesita liberación?

Cuando una persona viene a Cristo tiene un nuevo nacimiento; es decir que en el espíritu es hecha una nueva criatura. Pero su alma (voluntad, emociones y mente) queda intacta, en el sentido que el alma no nace de nuevo. Por tanto, el alma del creyente necesita ser transformada, renovada y liberada.

"17De modo que si alguno está en Cristo, nueva criatura es: las cosas viejas pasaron; todas son hechas nuevas".
2 Corintios 5.17

La palabra es muy clara, somos una nueva criatura. Eso significa que en nuestro espíritu, somos nuevos, somos libres, somos santos, somos justificados; pero como lo mencioné anteriormente, hay otra parte de nuestro ser llamada alma, que necesita ser liberada, sanada y transformada.

"2No os conforméis a este mundo, sino transformaos por medio de la renovación de vuestro entendimiento, para que comprobéis cuál es la buena voluntad de Dios, agradable y perfecta".
Romanos 12.2

Es en el alma donde los creyentes acumulan heridas, ataduras, falta de perdón, sentimientos de rechazo y baja autoestima. Es de todo esto que necesitan ser liberados y sanados.

Testimonio: Un año después de haber comenzado a pastorear, me encontré con un problema: la iglesia y el liderazgo no crecían, estaban estancados. Les enseñaba la Palabra y oraba por ellos. La enseñanza era continua y con mucha revelación, pero era como si no les entrara en su corazón; estaban estancados. Era como si una pared invisible delante de ellos, no los dejara avanzar en ningún área de su vida. Estos eran espíritus inmundos, pero yo no lo sabía. Así que un día le pregunté al Señor, por qué estaba ocurriendo esto, y el Señor me dijo: "Estás trabajando al revés; les estás dando mucha palabra y enseñanza, pero todavía no los has limpiado. Primero límpialos, y entonces, estarán listos para recibir la Palabra, para crecer y madurar". Lo hice así, y luego sucedió, exactamente, lo que el Señor me había dicho: la iglesia y el liderazgo crecieron.

"⁷Ciertamente la opresión hace enloquecer al sabio, y las dádivas corrompen el corazón". Eclesiastés 7.7

Cuando hay un demonio influenciando a las personas, no las deja pensar, ya que las oprime con enfermedades y con depresión; por eso, es necesario ministrarles liberación primero, para que puedan recibir la palabra en su corazón.

¿Por qué la Iglesia no entiende el ministerio de la liberación?

La razón primaria, es la influencia del espíritu de Grecia que se ha introducido en la iglesia. En mi libro, *La Generación del Vino Nuevo*, explico claramente y con detalles, cómo la influencia de este espíritu ha cortado todo lo que es sobrenatural en la iglesia.

Algunas características del espíritu de Grecia, el cual está influenciando la Iglesia de Cristo son:

- El humanismo: la exaltación del hombre.

- El intelectualismo: la exaltación de la inteligencia humana. El reconocimiento y el logro de metas y sus símbolos, como diplomas, títulos y riquezas. Todas estas cosas sustituyen la unción y el poder de Dios.
- Niega todo aquello que no se pueda explicar.
- Niega la existencia de demonios, impidiendo de esa forma, la liberación de los creyentes.
- Resiste todo lo sobrenatural, como los dones, las sanidades, la profecía, los milagros, etcétera.

Podemos hablar más de este espíritu que ha hecho tanto daño a la iglesia, pero solamente quiero darle sus características básicas. Hay muchos ministros, iglesias y creyentes que no creen en la liberación, porque hay un espíritu de Grecia que los está influenciando. Prefieren ver a sus ovejas atadas y heridas por el enemigo en vez de creer en el ministerio de la liberación.

Resumamos lo que hemos estudiado hasta aquí para que podamos entender mejor este tópico: *"La liberación el pan de los hijos"*:

- La iglesia ha tenido mucha falta de conocimiento al respecto.
- La guerra espiritual, no solamente es expulsar los demonios, sino también, cortarles los accesos que les dan derecho legal para que operen.
- Jesús comienza predicando el Reino de Dios, y la manifestación visible que trae de éste, es la expulsión de demonios.

- Antes de Jesús, ninguna persona había echado fuera demonios.

- El ministerio de Jesús se compone de cuatro aspectos principales: predicar, sanar, enseñar y echar fuera demonios.

- Jesús nos delega la autoridad para que podamos hacer lo mismo.

- La condición de las ovejas es triste. Necesitan ser limpiadas y sanadas.

- Jesús nos enseñó que la liberación debe ser parte de la dieta diaria de los creyentes.

- Entendemos que un creyente no puede ser poseído, pero sí puede ser influenciado por el enemigo.

- El creyente necesita liberación porque todavía su alma, en la cual no ocurre un nuevo nacimiento, necesita ser liberada y sanada de las ataduras del pasado.

- La razón número uno, de por qué muchos creyentes y ministros no creen en la liberación, es porque están siendo influenciados por el espíritu de Grecia.

Capítulo 2

Libres de la Iniquidad

La iniquidad causa ataduras. Dice la Biblia que Dios,

"⁷...guarda misericordia a millares, que perdona la iniquidad, la rebelión y el pecado, pero que de ningún modo tendrá por inocente al malvado; que castiga la maldad de los padres en los hijos y en los hijos de los hijos, hasta la tercera y cuarta generación". Éxodo 34.7

Muchas personas se preguntan hoy en día: ¿Por qué nací homosexual? ¿Por qué nací lesbiana? ¿Por qué no veo la justicia de Dios en mi vida? ¿Por qué la vida ha sido tan injusta? ¿Por qué me pasan tantos accidentes? ¿Por qué he pasado por tan terribles desastres financieros? ¿Por qué siempre he vivido en escasez? ¿Por qué siempre estoy atado a lo mismo? ¿Por qué nunca salgo adelante? ¿Por qué nunca prospero? ¿Por qué siempre estoy enfermo? ¿Por qué estoy peleando contra ataduras sexuales? ¿Por qué soy una persona tan iracunda? ¿Por qué soy tan inseguro? ¿Por qué vivo todo el tiempo con temor? ¿Por qué hubo divorcios en mi familia? Todas estas preguntas vienen al corazón y a la mente de los hombres y las mujeres de hoy, y no encuentran respuestas. Pero las respuestas a estas interrogantes están en la palabra de Dios.

"³⁰Convertíos y apartaos de todas vuestras transgresiones, y no os será la iniquidad causa de ruina". Ezequiel 18.30

En realidad, todas estas preguntas tienen una sola respuesta, y ésta es: por la iniquidad de los hombres. La iniquidad es la causa principal de todos sus problemas, catástrofes, traumas, dolores, destrucciones familiares, divorcios, enfermedades, ataduras, vicios, inseguridades, temores, ira, amarguras, miseria, pobreza, injusticias, abusos, maldiciones generacionales, entre otros. Algunas veces, rompemos maldiciones generacionales en nuestra vida, pero nos damos cuenta que seguimos con el mismo problema, ya que la causa de todas las maldiciones generacionales es la iniquidad.

¿Qué es iniquidad?

La palabra iniquidad en el vocablo hebreo es "awon", que significa pecado, con énfasis en su depravación y perversión. Iniquidad se refiere a algo depravado, pervertido, completamente torcido; es voltear el hombro, darle la espalda a Dios. Cuando las personas llegan a un punto de pecado continuo, su conciencia se cauteriza; pecan tanto que se pervierten, y esto se torna en iniquidad. La iniquidad causa grandes injusticias delante de Dios. Por eso la Biblia dice que Dios aborrece a quienes hacen iniquidad.

En algunos casos, la palabra iniquidad se traduce como maldad; en realidad son palabras sinónimas. En el vocablo griego, la palabra iniquidad es "anomia", que significa sin ley, carencia de ley; literalmente, significa injusticia.

Dios ha establecido leyes por medio de las cuales el ser humano debe vivir, pero los que caen en iniquidad, son personas que viven como les da la gana. El pecado es su estilo de vida y hacen injusticia de continuo.

Si le damos tres definiciones importantes a la iniquidad, diríamos que:

1. Es cometer un pecado de continuo llevándolo a la depravación y a la perversión.
2. Es vivir sin ley, y hacer todo lo que nos dé la gana. Es hacer todo lo que yo quiera, cuando quiera, como quiera y con quien quiera. Es despreciar el señorío de Jesús.
3. Es cometer todo tipo de injusticia. La injusticia es actuar en contra de las leyes que Dios ha establecido.

¿Cómo entró la iniquidad a la tierra?

"15Perfecto eras en todos tus caminos desde el día en que fuiste creado hasta que se halló en ti maldad". Ezequiel 28.15

Fue el diablo quien primero llenó de iniquidad su corazón, y por esa razón, fue lanzado del cielo, dando inicio a la maldad o la iniquidad. En los versos anteriores, vemos dos palabras claves: maldad e iniquidad. Dondequiera que usted lea estas dos palabras en la Biblia, recuerde que son sinónimas. Estas dos características son las que dieron a luz el imperio del mal. La maldad o iniquidad surge del corazón, y es la suma de los malos pensamientos y las malas intenciones; es el origen de todo lo malo del hombre.

"¹⁹...porque del corazón salen los malos pensamientos, los homicidios, los adulterios, las fornicaciones, los hurtos, los falsos testimonios, las blasfemias". Mateo 15.19

La maldad o iniquidad es como una semilla que se arraiga en el corazón del hombre y germina en forma de deseos perversos. Satanás fue el primero que cometió iniquidad o maldad contra Dios, y ésta fue hallada en su corazón. Otra frase que aparece en la Biblia es: "iniquidad de tus contrataciones". Recuerde lo que estudiamos desde el principio: la iniquidad es vivir sin ley, es hacer injusticia. La palabra contrataciones es un término que da a entender ciertos tratos comerciales. Lo malo es que cada uno de esos negocios eran perversos y depravados, o sea, estaban llenos de iniquidad; de la misma manera como los que hoy en día se hacen.

Por ejemplo: El negocio de la pornografía infantil, el abuso de las viudas, la explotación del extranjero, entre otros, son injusticias, iniquidades, que nos alcanzarán a la larga. En resumen, la iniquidad se opone a todo lo que es la justicia de Dios. Ésta es la sustancia de todos los pecados y de la concupiscencia, y fue introducida a la tierra por Satanás.

¿Cómo entró la iniquidad en el hombre?

Por medio del pecado original, en el huerto del Edén. A partir de allí, el hombre comenzó a depravarse, a pervertirse y a torcer todo lo que Dios le dio. El hombre fue concebido en iniquidad.

"⁵En maldad he sido formado y en pecado me concibió mi madre". Salmos 51.5

Cada ser humano nace con la iniquidad o maldad en su corazón debido a que hay un cordón espiritual, donde van quedando grabados todos los pecados de los hombres, siendo estos la herencia que se transmite de generación en generación. En ese cordón espiritual está esculpido todo el legado perverso y depravado que será heredado a las siguientes generaciones, y éstas lo torcerán aún más. Si no se arrepienten de su iniquidad, el legado de algunas personas para su descendencia será: mayor iniquidad, mayor perversión y mayor depravación de la que recibieron.

"¹El pecado de Judá está escrito con cincel de hierro y con punta de diamante; está esculpido en la tabla de su corazón y en los cuernos de sus altares..." Jeremías 17.1

En este cordón espiritual, que es la iniquidad, está grabada la información de pecados de todas nuestras generaciones. En la iniquidad, es donde se pegan y se arraigan las maldiciones generacionales y las enfermedades. Además, es donde el enemigo encuentra los derechos legales para continuar destruyendo generaciones enteras. La iniquidad es el medio donde el enemigo edifica imperios y fortalezas.

Ilustración: Un imán atrae todo lo que tenga hierro; por lo tanto, todo lo que sea de metal, se le pega. Asimismo es la iniquidad, todo lo que sea malo, perverso, pecaminoso e injusto, será atraído. Por esta razón, oímos a muchas personas decir: "a mí se me pegan todas las enfermedades", "siempre estoy sin dinero", "siempre estoy deprimido", "me va mal en todo". Todas estas expresiones indican que hay iniquidad operando en la persona.

¿Qué sucede si no se lidia con la iniquidad?

Hay algunos creyentes que han pedido perdón por todos sus pecados, pero nunca han confesado ni han pedido perdón por sus iniquidades. Prueba de ello es que, después de recibir a Cristo, siguen con las mismas ataduras, con los mismos problemas, y continúan viviendo en miseria.

¿Qué debemos hacer? Lidiar con la iniquidad. Pero, ¿qué sucede si no lo hacemos? Veamos qué dice la Palabra al respecto:

1. La iniquidad sale del corazón a la lengua.

"³⁰¿Es que hay iniquidad en mi lengua, o acaso no puede mi paladar discernir lo malo?" Job 6.30

Cuando la iniquidad no se trata, se esparce; y ésta empieza a tomar control de nuestra lengua. Entonces, comenzamos a hablar cosas perversas y depravadas, a maldecir, a juzgar, a hablar injusticias; criticamos y juzgamos hasta que llega un momento en que nuestra lengua no tiene límite ni ley, y es porque estamos llenos de iniquidad.

"⁶Y la lengua es un fuego, un mundo de maldad. La lengua está puesta entre nuestros miembros, y contamina todo el cuerpo e inflama la rueda de la creación, y ella misma es inflamada por el infierno". Santiago 3.6

Hay tanta iniquidad en nuestra lengua que, continuamente, estamos hablando el mal y lo negativo. Nos la pasamos murmurando y quejándonos; no tenemos control de nuestra lengua.

2. La iniquidad lo lleva a caer en un pozo.

"^{14}El impío concibió maldad, se preñó de iniquidad y dio a luz engaño. ^{15}Pozo ha cavado y lo ha ahondado; pero en el hoyo que hizo, caerá. ^{16}¡Su iniquidad recaerá sobre su cabeza y su agravio caerá sobre su propia coronilla!". Salmos 7.14-16

La iniquidad es tan terrible, que va aumentando en el corazón del hombre hasta llegar a un estado, en el que no sólo está en el corazón, sino que llega a la boca, causando que este individuo se preñe, se embarace de ella, para luego dar a luz el engaño. Entonces, empiezan a crecerle ramas y frutos a este árbol de iniquidad, y como resultado, la persona cae en un pozo del que no puede salir. Hemos encontrado personas que dicen: "Estoy en un pozo del cual no puedo salir; cada día que pasa se empeora más y más; mi situación es desesperante". Esto quiere decir que ya ha dado a luz el engaño y todo lo que da como fruto es malo, y cada vez resulta peor.

3. La iniquidad es la causa de muchas enfermedades.

"^{14}Venga en memoria ante Jehová la maldad de sus padres y el pecado de su madre no sea borrado. ^{15}Estén siempre delante de Jehová y él corte de la tierra su memoria, ^{16}por cuanto no se acordó de hacer misericordia, y persiguió al hombre afligido y menesteroso, al quebrantado de corazón, para darle muerte. ^{17}Amó la maldición, y ésta le sobrevino; no quiso la bendición, ¡y ella se alejó de él! ^{18}Se vistió de maldición como de su vestido; entró como agua en su interior y como aceite en sus huesos". Salmos 109.14-18

La iniquidad es tan fuerte que penetra en los huesos, y como consecuencia, trae diferentes enfermedades, tales como: diabetes, artritis, cáncer y otras enfermedades hereditarias. Como si esto fuera poco, cuando la iniquidad toma control de una persona, continúa con su ciudad, su nación y, luego, hasta el continente en donde está ubicada la persona. Cuando esto ocurre, es que vemos las diferentes consecuencias manifestadas en las naciones, como por ejemplo: violencia, sequías, terremotos, huracanes, hambre, miseria, entre otras.

4. La iniquidad causa división entre Dios y nosotros.

"²...pero vuestras iniquidades han hecho división entre vosotros y vuestro Dios y vuestros pecados han hecho que oculte de vosotros su rostro para no oíros".
Isaías 59.2

Este versículo habla de cómo la iniquidad del pueblo hizo que Dios se separara de ellos y que no oyera su clamor. Hoy en día, me encuentro con creyentes que buscan a Dios y se quejan que oran y ayunan, pero tal parece que hay una división entre Dios y ellos. Claman en oración y pareciera que el Señor no los oye. Esto es porque hay iniquidad en sus vidas.

La iniquidad es la que causa la separación y la división entre los hermanos. Criticamos, juzgamos, hablamos mal unos de otros, y esto nos mantiene separados como el cuerpo de Cristo que somos. Es, por esta razón, que muchos creyentes viven en derrota, están en miseria, enfermos, tristes, deprimidos, como si estuvieran metidos en un hoyo profundo.

La iniquidad causa una gran división y separación entre Dios y el hombre. Hasta que el hombre no se arrepienta de sus iniquidades y las de sus padres, y no las confiese, esa separación permanecerá; será como una pared invisible. Por ejemplo, la iniquidad de envidias y celos, nos tiene separados y divididos. No podemos ver la prosperidad del hermano porque hay una iniquidad tan grande de celo y envidia que nos enferma el alma.

5. La iniquidad hará que Jesús aparte de sí a los que la cometen.

"²¹No todo el que me dice: "¡Señor, Señor!", entrará en el reino de los cielos, sino el que hace la voluntad de mi Padre que está en los cielos. ²²Muchos me dirán en aquel día: "Señor, Señor, ¿no profetizamos en tu nombre, y en tu nombre echamos fuera demonios, y en tu nombre hicimos muchos milagros?". ²³Entonces les declararé: "Nunca os conocí. ¡Apartaos de mí, hacedores de maldad!". Mateo 7.21-23

Lo que Jesús está explicando en estos versos, es que hay muchas personas que echan fuera demonios, sanan los enfermos, profetizan, hacen milagros, y le llaman a Él, "Señor". Pero Jesús les dice: "el hecho que me llamen Señor, no significa que estén haciendo mi voluntad, ni que me amen"; y en "aquel día" les declarará:

- ▷ "Nunca os conocí". Fueron individuos que nunca tuvieron un encuentro con Él.

- "Apartaos de mí". Recuerde que Dios y los inicuos no pueden estar juntos, pues la misma iniquidad los separa.

- "Hacedores de maldad". La palabra maldad es sinónimo de iniquidad, es el vocablo griego "anomia", que significa vivir sin ley.

En otras palabras, Jesús les estaba diciendo: "ustedes me llaman Señor, pero viven como quieren; hacen milagros, profetizan, echan fuera demonios, pero lo hacen como quieren, cuando quieren y con quien quieren. Ustedes viven sin ley, cometieron muchas injusticias y, por eso, se volvieron depravados. Así que, ¡apártense de mí, al fuego eterno!".

Tenemos que lidiar con la iniquidad para que ésta, que está cubierta de tinieblas, no se vaya arraigando más y más en nuestro corazón, y para que no lleguemos al punto de beber la iniquidad como agua.

"[16]...¿cuánto menos el hombre abominable y vil que bebe la iniquidad como agua?" Job 15.16

6. El amor de muchos se enfriará a causa de la iniquidad.

"[12]...y por haberse multiplicado la maldad, el amor de muchos se enfriará". Mateo 24.12

Encontramos que hay muchas personas que se apartaron de la iglesia por la maldad de otras; vieron el mal testimonio, les robaron dinero, les mintieron, les ofendieron, y por eso, se enfrió su amor por el Señor.

¿Cómo ser libres de la iniquidad?

- Debemos confrontar nuestra iniquidad y la de nuestros padres. Hay creyentes que piensan que, por el hecho de haber recibido a Cristo como su Señor y Salvador, automáticamente quedan libres de iniquidades. Personalmente, creo que Jesús perdonó todas nuestras iniquidades. Es decir, Jesús ya lo hizo todo, nos liberó y nos perdonó; pero hay algunos creyentes que no se han apropiado de todo lo que Él hizo en la Cruz; conocen la teoría, pero no han tenido la experiencia.

"^{40}Y confesarán su iniquidad, y la iniquidad de sus padres, por su prevaricación con que prevaricaron contra mí; y también porque anduvieron conmigo en oposición, ^{41}yo también habré andado en contra de ellos, y los habré hecho entrar en la tierra de sus enemigos; y entonces se humillará su corazón incircunciso, y reconocerán su pecado. ^{42}Entonces yo me acordaré de mi pacto con Jacob, y asimismo de mi pacto con Isaac, y también de mi pacto con Abraham me acordaré, y haré memoria de la tierra".
Levíticos 26.40-42

Mientras el creyente no confiese sus iniquidades, estas lo seguirán afectando; no su salvación (porque si muere va al cielo, ya que ante Dios, fuimos justificados por la sangre de Jesús), pero sí afectará su caminar espiritual aquí en la tierra. La injusticia cometida por sus antepasados o sus ancestros, afectará y causará ruinas y desastres en su vida. Por esta razón, tenemos que confesar nuestras iniquidades.

- Hacer un acto de arrepentimiento y perdón por nuestras iniquidades y las de nuestros antepasados.

  Pedir perdón a Dios por nuestras iniquidades, pero también, identificarnos con los pecados, la maldad o la iniquidad de nuestros padres, y arrepentirnos ante el Señor por las injusticias de ellos. Entre otras iniquidades:

  ▷ Abuso al extranjero
  ▷ Abuso a la viuda
  ▷ Maltrato al pobre
  ▷ Abuso sexual a niños
  ▷ Abuso al huérfano
  ▷ Crítica a la autoridad
  ▷ Murmuración y queja

- Renunciar a todas nuestras iniquidades y las de nuestros padres.

  ▷ Iniquidades sexuales
  ▷ Iniquidades de enfermedad
  ▷ Iniquidades de injusticia
  ▷ Iniquidades de ira y enojo
  ▷ Iniquidades de temor
  ▷ Iniquidades de rechazo
  ▷ Iniquidades de orgullo y pobreza
  ▷ Iniquidades de divorcios y destrucción familiar
  ▷ Iniquidades de accidentes violentos

- ▷ Iniquidades de enfermedades mentales
- ▷ Iniquidades de depresión
- ▷ Iniquidades de brujería y hechicería

■ Creer y recibir la obra de Jesús en la cruz del Calvario.

Jesús en la cruz del Calvario llevó todas nuestras iniquidades.

¿Qué hizo Jesús con nuestras iniquidades?

■ Jesús nos redimió de nuestras iniquidades.

"14Él se dio a sí mismo por nosotros para redimirnos de toda maldad y purificar para sí un pueblo propio, celoso de buenas obras". Tito 2.14

La palabra redimir significa pagar un rescate; pagar la deuda que nosotros teníamos. Jesús nos compró, para traernos de regreso a donde realmente pertenecemos, a Dios.

■ Jesús llevó todas nuestras iniquidades.

"11Verá el fruto de la aflicción de su alma y quedará satisfecho; por su conocimiento justificará mi siervo justo a muchos, y llevará sobre sí las iniquidades de ellos". Isaías 53.11

En la cruz del Calvario, fueron llevadas nuestras iniquidades de enfermedad, depravaciones sexuales, orgullo, pobreza, entre otras.

■ Jesús perdonó todas nuestras iniquidades.

"³Él es quien perdona todas tus maldades, el que sana todas tus dolencias..." Salmos 103.3

- No existe iniquidad alguna en nosotros o en nuestros antepasados que Jesús no haya perdonado en la cruz.

Oración de renunciación a la iniquidad

"Padre Celestial, te pido perdón por las iniquidades que hayan cometido mis padres y mis ancestros contra ti. Yo, voluntariamente, tomo responsabilidad por sus pecados y mis pecados e iniquidades; y ahora mismo, me arrepiento con todo mi corazón, y te pido que la sangre de Jesús me limpie de toda iniquidad. ¡Amén!"

Haga una lista de las iniquidades que operan en su vida, y comience a renunciar a cada una de ellas. Por ejemplo, "Yo renuncio a toda iniquidad de pobreza y le ordeno a todo espíritu, que está detrás de esa iniquidad, que salga de mi vida, ahora"; y así sucesivamente.

Capítulo 3

Cómo Vencer la Ira o el Enojo

Éste es uno de los temas de los cuales se habla poco hoy en día, tanto en los círculos religiosos como psicológicos. Considero que es uno de los problemas más difíciles que afronta la sociedad moderna, y no hemos sabido cómo tratarlo correctamente. Sin embargo, en este capítulo aprenderemos a lidiar con la ira o el enojo y conoceremos herramientas que nos ayuden a vencerla; claro está, con la ayuda del Señor y a la luz de su Palabra.

¿Qué es la ira?

Es una condición agitada de los sentimientos, debido a una indignación interna. La ira es provocada por un dolor que la persona sufrió y lleva dentro de ella.

La ira es un problema que afecta a toda la humanidad. Dondequiera que usted vaya, encontrará personas que están llenas de ira o enojo. Este mal no se quita con una oración mágica, sino que es una obra de la carne, la cual tenemos que crucificar; ya que si no lo hacemos, podemos abrir una puerta para que un espíritu de ira venga sobre nosotros, y con él, otros espíritus del mismo tipo, tales como: la violencia y la destrucción.

Hay dos palabras griegas para describir el significado de la palabra ira o enojo.

- **"Thumos"** - Es una condición agitada de los sentimientos; es una explosión de ira, un arrebato de enojo debido a la indignación interna. *"Thumos"* se caracteriza porque se inflama súbitamente y se apaga pronto: es un momento de ira. *"Thumos"* puede incitar a la venganza, aunque no necesariamente la lleve a cabo.

- **"Orge"** - es una condición de ira continua en la mente y el corazón, con vistas a tomar venganza. *"Orge"* es menos explosiva, menos súbita, pero más duradera. Este tipo de ira es una de las más peligrosas.

Hay personas que explotan súbitamente *"thumos"*. En un momento, les da un arrebato de ira y, en seguida, se calman, se apaciguan. Esta ira es mala porque la persona puede hacer mucho daño con la boca, con lo que dice. En un instante, puede echar a perder lo que le ha tomado años construir.

Ilustración: Moisés golpeó la roca en vez de hablarle, tal como Dios se lo había dicho, y perdió su entrada a la tierra prometida.

"⁷Y Jehová dijo a Moisés: ⁸Toma la vara y reúne a la congregación, tú con tu hermano Aarón, y hablada la peña a la vista de ellos. Ella dará su agua; así sacarás para ellos aguas de la peña, y darás de beber a la congregación y a sus bestias". Números 20.7, 8

"¹¹Entonces alzó Moisés su mano y golpeó la peña con su vara dos veces; y salieron muchas aguas, y bebió la congregación, y sus bestias. ¹²Pero Jehová dijo a Moisés y a Aarón: Por cuanto no creísteis en mí, para santificarme delante de los hijos de Israel, por tanto, no entraréis con esta congregación en la tierra que les he dado". Números 20.11, 12

Un arrebato de ira les costó a Moisés y a Aarón la entrada a la tierra prometida; les costó su ministerio. Un arrebato de ira le puede costar su matrimonio, una amistad, su ministerio, la bendición de Dios en su vida, y así sucesivamente. Dios le dijo a Moisés, no golpees la roca como lo hiciste la primera vez en el desierto. Esta vez quiero que le hables a la roca; mas Moisés hizo lo contrario: golpeó la peña. La Palabra nos dice que el que anhela obispado, no puede ser iracundo. Un ministro que no tiene control sobre su mal carácter, puede perder su ministerio.

¿Cuáles son las consecuencias de no controlar este tipo de ira explosiva o *"thumos"*?

- La ira nos llevará a hacer locuras.

    "¹⁷El que fácilmente se enoja comete locuras; y el hombre perverso es aborrecido". Proverbios 14.17

    En momentos de ira, una persona maldice a su esposo, a sus hijos, a sus hermanos, y como resultado, marca a esas personas para siempre. Después que se termina ese momento de enojo, usted dice: ¿qué locura hice? ¿Por qué reaccioné de esa manera? ¿Por qué le dije eso? Un secreto que usted sabía, algo interno, algo blasfemo, alguna mentira, etcétera.

- La ira nos traerá pena.

"¹⁹El que se deja arrebatar por la ira llevará el castigo, y si usa de violencias, añadirá nuevos males".
Proverbios 19.19

La Biblia Amplificada lo expresa de la siguiente manera:

"¹⁹...el hombre de grande ira sufrirá la pena porque si usted lo libra de las consecuencias, él se sentirá libre de causarle y hacerle lo mismo de nuevo". Proverbios 19.19

Hemos estado hablando de *"thumos"*, la ira explosiva que, en un momento, puede hacer que un hombre cometa locuras. Ahora, estudiemos un poco del segundo tipo de ira: *"Orge"*. Ésta es la ira que está en la mente y en el corazón permanentemente; ésta es más pasiva, pero permanece y busca venganza.

¿Qué dijo Jesús acerca de la ira o el enojo?

"²¹Oísteis que fue dicho a los antiguos: "No matarás", y cualquiera que mate será culpable de juicio. ²²Pero yo os digo que cualquiera que se enoje contra su hermano, será culpable de juicio; y cualquiera que diga "Necio" a su hermano, será culpable ante el Concilio; y cualquiera que le diga "Fatuo", quedará expuesto al infierno de fuego". Mateo 5.21, 22

Jesús dijo que la ira o el enojo son lo mismo que el asesinato ante los ojos de Dios. Una persona que asesina a otra, será juzgada; y si no se arrepiente, irá al infierno. Lo mismo sucede con aquella persona que se enoja con un hermano y no busca la reconciliación.

"Pero yo digo que cualquiera que continuamente esté enojado contra su hermano o abrigue malicia (esto es enemistad del corazón en contra de Él), será responsable, y no podrá escapar del castigo impuesto por la corte. Y cualquiera que hable de manera despreciativa o insultante a su hermano, será responsable y no podrá escapar al castigo impuesto por el Sanedrín. Cualquiera que diga: "maldito, necio", "tú idiota de cabeza hueca", será responsable y no podrá escapar del infierno de fuego". (Gehenna)

¿Qué nos enseña Jesús en su Palabra acerca de este tipo de ira?

La ira continua es muy peligrosa. Hay personas que no explotan en ira y aparentemente son ecuánimes, pero van almacenando ese sentimiento por dentro. Cuando se acumula, llega un momento en que pierden los estribos y matan, destruyen o hacen cosas violentas. Después, la gente se pregunta: ¿Por qué hizo eso, si esa persona se le veía tan tranquila?

Hay dos tipos de ira:

- La ira justificable o ira santa.
- La ira injustificable o ira del hombre.

¿Será pecado enojarse o airarse?

No es pecado. De acuerdo a lo que nos enseña la palabra de Dios, lo que no debemos tener, es ira como un patrón de conducta que nos lleve a vengarnos, a guardar falta de perdón, amargura y odio.

"²⁶Airaos, pero no pequéis; no se ponga el sol sobre vuestro enojo, ²⁷ni deis lugar al diablo". Efesios 4.26, 27

La ira es una emoción heredada de Dios. Él se aíra, Él se enoja, pero la ira del Señor es santa; como la que Jesús sintió en el templo, la cual lo llevó a tirar las mesas de los cambistas que habían convertido la casa de Jehová en una cueva de ladrones. Su ira era justificable y santa.

"²⁶...cuando te enojes, no peques. Nunca dejes que tu ira, tu exasperación, tu furia o indignación dure hasta que el sol se oculte...". Efesios 4.26 (Biblia Amplificada)

Hay personas que guardan ofensas, heridas y maltratos en su corazón por días, semanas, meses y años; y cuanto más tiempo pasa, más ira se va acumulando. Entonces, se les hace más difícil perdonar y hablar con la persona para llegar a una reconciliación. Durante este tiempo, el enemigo hará todo lo posible para que esa persona no pueda hablar con su hermano, porque mientras esté enojada, habrá lugar para que él entre en su vida con derecho legal sobre ella, su familia y sus finanzas.

La ira y las palabras van juntas

"¹⁹Por esto, mis amados hermanos, todo hombre sea pronto para oír, tardo para hablar, tardo para airarse...". Santiago 1.19

¿Qué sucede? Empezamos con enojo en el corazón, pero esperamos mucho tiempo para arreglarlo; entonces, comenzamos a despreciar al hermano, a no saludarlo y a negarle la bendición; empezamos a jugar con pensamientos de venganza; y como resultado, terminamos maldiciéndolo y hablando mal del hermano. Expresamos nuestra ira a través de las palabras sucias, deshonestas y mal habladas. Jesús dijo que esto nos puede llevar al infierno.

"¹⁹El de grande ira llevará la pena; y si usa de violencias, añadirá nuevos males". Proverbios 19.19

¿Cómo lidiar con una persona que está enojada o airada?

"¹La respuesta suave aplaca la ira, pero la palabra áspera hace subir el furor". Proverbios 15.1

Cuando vemos a una persona airada, no podemos contestarle con el mismo enojo, porque eso va a aumentar su ira. Lo que debemos hacer, es darle una blanda respuesta.

¿Cuáles son las consecuencias de dejarse llevar por la ira o el enojo?

- La persona iracunda tiene falta de entendimiento.

    "²⁹El que tarda en airarse es grande de entendimiento..." Proverbios 14.29

- La ira causa contiendas y, muchas veces, nos lleva a pecar.

    "²²El hombre iracundo provoca contiendas; el furioso, a menudo, peca". Proverbios 29.22

    He notado que la mayor parte de las personas iracundas, provocan contiendas dondequiera que van, y también son personas que pecan muy a menudo con su mente, su corazón y su boca.

- La ira es contagiosa.

"²⁴No te unas al iracundo ni te acompañes del irascible, ²⁵no sea que aprendas sus costumbres y pongas trampa a tu propia vida". Proverbios 22.24, 25

¿Ha notado usted que, cuando una pareja se casa y uno de los cónyuges es iracundo y el otro no, tarde o temprano, el cónyuge que no era iracundo, termina modelando el mismo carácter? La ira es contagiosa.

- La ira estorba nuestras oraciones.

"⁸Quiero, pues, que los hombres oren en todo lugar, levantando manos santas, sin ira ni contienda". 1 Timoteo 2.8

¿Cómo vencemos la ira o el enojo?

"³²Mejor es el que tarda en airarse que el fuerte, el que domina su espíritu que el conquistador de una ciudad". Proverbios 16.32

¿Cómo pretendemos tomar la ciudad y las naciones para Jesús si no nos hemos conquistado ni siquiera a nosotros mismos? Para conquistar la ciudad, primero tenemos que conquistar nuestro carácter, quitando de nosotros el celo, la envidia, la ira, las enemistades, las disensiones, el adulterio, la fornicación, los pleitos y el mal carácter en general. Para vivir en dominio y señorío, debemos primero enseñorearnos, gobernarnos y tener control de nosotros mismos; entonces, podremos conquistar, gobernar y tener dominio sobre la ciudad. El dominio propio o el dominio de uno mismo, es la corona del fruto del espíritu.

"⁷Si hicieras lo bueno, ¿no serías enaltecido?; pero si no lo haces, el pecado está a la puerta, acechando. Con todo, tú lo dominarás". Génesis 4.7

Paremos de echarle la culpa a otros por nuestros fracasos y derrotas, y empecemos a tomar responsabilidad por nuestros propios actos. A veces damos excusas como ésta: "él me hizo enojar". Sin embargo, la verdad es que usted decidió enojarse, no tuvo dominio propio y la ira lo controló.

Testimonio: Me enojaba mucho y le hice mucho daño a mis padres. Yo demostraba esta ira con palabras, no contra ellos, pero sí contra mí misma. Decía cosas tales como: "¡ojalá que me muera!". Los ojos se me ponían rojos, llegué hasta el punto de querer destruir mi cuerpo con tatuajes. Antes que el Señor me rescatara, yo había hecho un plan contra mi propia humanidad. Decía: "voy a hacerme tatuajes y me voy a poner aretes en todo el cuerpo". Hasta ahí llegó mi ira; pero el Señor me dijo: "no". Antes que mi padre falleciera, yo recibí al Señor, (Él pasó toda su vida orando para que yo me convirtiera). Mi mamá me llevó a la iglesia y yo le dije que no me había gustado, para no dar mi brazo a torcer. En realidad sí me agradaba, tanto, que seguí yendo a la iglesia. Y es ahí cuando el Señor me fue liberando poco a poco del odio, del rencor y del rechazo. El Señor ha hecho cosas enormes en poco tiempo; Él ha ido sanando mi corazón. Yo era una niña buena físicamente, pero en el fondo, asesinaba con todo lo que sentía. Me estaba matando a mí misma, pues me deleitaba en hacerme daño. El diablo me decía: "mira que eres una basura, estúpida, qué gorda, qué fea, a ti nadie te quiere"; era como un tormento. Pero Jesucristo me limpió y me cambió... ¡JESÚS ES BUENO!

Testimonio: Al menor problema tiraba las puertas. Hacía chillar las llantas de los carros, me peleaba con mis jefes, peleaba con todo el mundo; estaba amargada. Cuando me decían buenos días, yo respondía: ¿y qué tienen de buenos? Esa ira era causada por un trauma: fui molestada por mi padre. Esa situación trajo rechazo a mi vida y muchas emociones embotelladas. Yo tenía falta de perdón y quería descargar eso contra alguien. Nunca estuve en las drogas, pero vivía dentro de una cárcel espiritual. Estaba amargada, triste, con mucha depresión. Mi mamá oró por mí durante cinco años; ella fue la primera que se convirtió. Cuando conocí al Señor, busqué ayuda y oré por un ministerio que me brindara liberación. Un día que hubo un concierto en la iglesia El Rey Jesús, averigüé lo que había que hacer para que me ministraran liberación y sanidad interior; y finalmente, conseguí todos los requisitos, dentro de los que se encontraba una carta del pastor de la iglesia donde yo me congregaba. Sin embargo, desde el primer día que estuve en esa iglesia, me recibieron con mucho amor; y después de la liberación, me siento otra persona. ¡Soy libre, soy feliz, estoy gozosa! Ahora me ven danzar en la iglesia, ahora puedo ayudar a otras personas. En tan poco tiempo, soy diaconisa y líder de célula. ¡Soy feliz! ¡Con Dios, todo se puede!

Testimonio: Yo no sabía sostener una conversación con alguien; era muy volátil, me peleaba con cualquiera. Si alguien me discutía, sentía deseos de coger un tubo y ponérselo en la cabeza.

Mi problema fue causado desde la adolescencia cuando fui separado de mi mamá y mi papá, en el momento que tuve que ir becado a los 10 años (régimen de Cuba). Esto es como estar en cárceles (opinión personal). Allí se desarrolló en mí un sistema de defensa, el cual me hizo volver hombre antes de tiempo; quemé la etapa de la adolescencia muy rápido. Después, tuve que ir al ejército por dos años, que fue peor, porque allí desarrollé un carácter violento que me dominaba hasta hace algún tiempo atrás. Un día dije que no podía vivir más así porque me estaba haciendo daño. Entonces asistí al retiro de nuevos convertidos, donde hablaron de la falta de perdón. Yo le pregunté a Dios: Padre, ¿a quién debo perdonar? Y me remonté a ese tiempo de la adolescencia, que fue una época muy dura. Fue ahí donde empecé a llorar y llorar; aún le estoy entregando muchas áreas de mi vida a Dios, pero ahora me someto y sé controlar la ira. ¡Gracias a Dios!

¿Cómo vencer y desechar la ira?

1. **Tome la decisión de desechar la ira. Renuncie a todo espíritu de ira.**

"⁸Deja la ira y desecha el enojo; no te excites en manera alguna a hacer lo malo..." Salmos 37.8

Yo decido en mi corazón que la ira o el enojo no me van a controlar más. Yo decido ser tardo para hablar y tardo para airarme.

"³¹...quítense de vosotros toda amargura, enojo, ira, gritería y maledicencia, y toda malicia". Efesios 4.31

La Biblia Amplificada, dice: "Permita que toda amargura, indignación e ira (pasión, furia, mal temperamento) y resentimiento (furor, animosidad) y pelea (alboroto, clamor) y difamación (lenguaje malvado, abusivo o que blasfema) se desaparezca de ti, con toda malicia (rencor, mala voluntad o maldad de cualquier índole)".

Nótese que, en los versos que hemos leído, se pone de manifiesto que Dios no quita la ira de nosotros si no tomamos la decisión de dejarla, de quitarla de nuestra vida. Depende de nosotros, que la ira se vaya o se quede en nuestros corazones.

2. **Ceda sus derechos a Dios.**

Seguramente han habido momentos en que lo han herido o lo han ofendido, y usted, aún teniendo el derecho de defenderse, de contestar, no lo ha hecho. Algunas veces, el enemigo nos tentará con el derecho a usar la venganza como alternativa para responder a las ofensas. Ceda sus derechos de juzgar a aquel que juzgará justamente.

> "*¹⁴Bendecid a los que os persiguen; bendecid y no maldigáis. ¹⁵Gozaos con los que se gozan; llorad con los que lloran. ¹⁹No os venguéis vosotros mismos, amados míos, sino dejad lugar a la ira de Dios, porque escrito está: «Mía es la venganza, yo pagaré, dice el Señor»". ²¹No seas vencido de lo malo, sino vence con el bien, el mal".*
> Romanos 12.14, 15, 19, 21

Así que esto es lo que tienes que hacer con aquellos que te ofenden, te hieren, te hacen mal, te están haciendo brujería, te están maldiciendo o criticando. Si tu enemigo tuviere hambre, dale de comer. Si tuviere sed, dale de beber; pues haciendo esto, ascuas de fuego amontonarás sobre su cabeza".

3. Busque liberación y sanidad interior.

Debido a los traumas y a las heridas del pasado, muchas personas tienen una ira almacenada y son una bomba caminando; les llaman "fosforito", porque en cualquier momento explotan o se prenden en ira. Si usted ha estado airándose a menudo, o ha estado enojado durante mucho tiempo, le ha dado lugar a un espíritu de ira y necesita ser ministrado y liberado. La liberación es necesaria porque, algunas veces, la ira en una persona, no es sólo una emoción sino un espíritu de ira y de violencia que opera en ella, el cual se ha venido practicando durante mucho tiempo hasta convertirse en hábito.

4. Desarrolle la mansedumbre.

La palabra mansedumbre, en el idioma griego, es "praotes", que significa aquella disposición tranquila y equilibrada de espíritu, que mantiene las pasiones bajo control. Que una persona tenga mansedumbre, "praotes", no significa que sea débil y tonta; al contrario, es una persona que posee la cualidad para perdonar, corregir las faltas, y gobernar su propio espíritu. Sí, es posible vencer la ira o el enojo. Simplemente, hay que buscar la solución o tomar la decisión de quitar la ira de nosotros. Ceda sus derechos de venganza a Dios. Busque liberación si es algo demoníaco. Desarrolle mansedumbre para gobernar su espíritu correctamente. No culpe más a la gente por sus fracasos. Tome la decisión, ahora mismo, de vivir libre de la ira o el enojo. Según las palabras de Jesús, la ira es como el pecado de asesinato.

Algunos principios importantes son los siguientes:

- La ira es causada por una indignación interna.

- La ira puede manifestarse de forma repentina, o puede guardarse en el corazón.

- La ira nos lleva a hacer locuras, produce pena, es contagiosa y provoca contienda.

- Jesús dijo que, la ira en el corazón contra de alguien es equivalente a matar a esa persona.

- La Palabra nos habla de que podemos airarnos, pero no llegar hasta el punto de guardar la ira en el corazón o pecar.

- La mansedumbre es la virtud con la cual podemos vencer la ira, y aprender a ceder nuestros derechos.

- Busquemos liberación para que la ira salga de nuestra vida.

Capítulo 4

La Batalla de la Mente y la Inmoralidad Sexual

De este tópico casi no se habla en la iglesia ni en la familia, aunque sabemos que hay mucha necesidad de saber acerca de él. La inmoralidad sexual incluye: masturbación, homosexualidad, promiscuidad por elección, incesto, abuso, adulterio, fornicación, bestialismo, fantasías sexuales, pornografía y programas de televisión obscenos. Todos estos actos conducen a las personas a ser tentadas y a desgastar su resistencia a la tentación que ellos representan. Son actos ilícitos que están destruyendo los hogares, sometiendo tanto a niños como a adultos, y por consiguiente, a naciones enteras.

La inmoralidad sexual es una actitud del corazón

De acuerdo a lo que Jesús enseña, la impureza sexual comienza antes de actuar en la inmoralidad; crece en actitudes del corazón.

"[27]Oísteis que fue dicho: "No cometerás adulterio". [28]Pero yo os digo que cualquiera que mira a una mujer para codiciarla, ya adulteró con ella en su corazón". Mateo 5.27, 28

Cada uno de nosotros quizá ha sentido o siente deseos de actuar de forma inmoral, pero no ha tenido la oportunidad de cumplir esos deseos. Sin embargo, el acto de entretener pensamientos y deseos sucios es tan pecado como si se actuara en ellos. Ahora, refiriéndonos a hechos, una vez que el acto físico ha sido cometido, resulta en una ligadura del alma; y esto es más profundo de lo que algunas personas piensan. Por eso Pablo dice:

"^{16}¿O no sabéis que el que se une con una ramera, es un cuerpo con ella?, porque ¿no dice la Escritura: Los dos serán una sola carne?". 1 Corintios 6.16

Cuando se lleva a cabo el acto, no solamente se produce una ligadura en el alma, sino también, se vuelve una sola carne con la otra persona; y todos los espíritus e influencias malas que esa persona tenga, pasan a la otra y viceversa. Lo más tremendo de esto, es que hay muchos cónyuges —ya sea el hombre o la mujer—, que llevan contaminación a su casa y a su familia; y de esta forma, todos son influenciados por esos espíritus. Por eso, es necesario que alguien que haya cometido adulterio, fornicación o cualquier otro acto inmoral, sea ministrado en liberación y sanidad interior. El apóstol Pablo es tan estricto con la inmoralidad sexual que le habló a los efesios de una manera fuerte al referirse a este tema.

"^{3}Pero fornicación y toda impureza o avaricia, ni aun se nombre entre vosotros, como conviene a santos". Efesios 5.3

Conozco casos en los cuales una persona ha caído en un pecado sexual; los pastores y líderes la disciplinan, (y eso es correcto), pero no le ministran liberación. (Repito, eso es como quitar la telaraña, pero no la araña). Luego, restauran a la persona a la posición que ocupaba antes en la iglesia, pero después, inevitablemente vuelve a caer. La razón es que nunca fue libre de la raíz de su problema. Se debe ministrar una liberación profunda en este tipo de casos.

¿Cómo comienza la mayor parte de los pecados sexuales?

Ningún hombre decide un día, de un momento a otro, cometer adulterio con la esposa de otro hombre, la secretaria, la consejera, la pianista, el líder de alabanza o quien sea. Primero, hay que sembrar algo para que dé fruto, ya sea de forma positiva o, como en este caso, de forma negativa. Todos los pecados sexuales empiezan con la siembra de una semilla en la mente, en forma de mal pensamiento. A veces, parece ser una acción muy inocente y amable; pero, lo que empezó bien puede terminar mal si no es dirigido correctamente. Jesús habló en una de sus parábolas acerca de un hombre que sembró una semilla en su campo. La semilla creció, pero juntamente con ella, también creció la cizaña. Cuando el hombre preguntó cómo había sucedido esto, él le contestó: "el enemigo sembró la mala semilla durante la noche".

"[25]...pero mientras dormían los hombres, vino su enemigo y sembró cizaña entre el trigo, y se fue. [26]Cuando brotó la hierba y dio fruto, entonces apareció también la cizaña".
Mateo 13.25, 26

Esta es una tipología de que el enemigo o el diablo siembra un pensamiento cuando la persona está en el momento de mayor vulnerabilidad, debilidad, flaqueza, y de mala relación con su cónyuge; cuando se siente sola, cuando necesita apoyo emocional y no lo está recibiendo en la casa. La noche representa el momento de mayor vulnerabilidad, y es cuando el enemigo pone el mal pensamiento en forma de semilla. Esta semilla comienza a crecer juntamente con la semilla buena; de repente, una mirada de la otra persona, un toque físico, una palabra de ánimo, o un simple halago activa el deseo carnal y sensual entre ambos. En ese momento, debemos estar atentos a lo que el Espíritu Santo nos habla y nos advierte.

Jesús dijo lo siguiente:

"27Oísteis que fue dicho: No cometerás adulterio. 28Pero yo os digo que cualquiera que mira a una mujer para codiciarla, ya adulteró con ella en su corazón". Mateo 5.27, 28

Si un hombre o una mujer, deliberadamente, medita y se imagina en una situación de adulterio, hasta el punto de visualizar la acción y el sentimiento del deseo sexual con una persona en particular, aunque el pecado exterior o físico no se haya cometido, el pecado de inmoralidad tomó lugar en su corazón. Ya sea por medio de un beso deliberado, en visualizaciones, fantasías sexuales, imaginaciones o una meditación voluntaria en esos pensamientos sexuales. La otra manera en que Jesús nos ilustra una verdad o un principio, es la siguiente: el comienzo se da con una semilla sembrada en la mente en forma de mal pensamiento. Esto es tan peligroso como un gran árbol plantado; porque si el pensamiento no se rechaza, la semilla crecerá, y eventualmente se recogerá la cosecha, que serán las grandes consecuencias del pecado. No es pecado ser tentado con pensamientos sexuales, lo que es pecado es entretener ese tipo de pensamientos que nos provocan malos deseos. No podemos evitar que los pájaros vuelen sobre nuestra cabeza, pero sí podemos evitar que hagan nido y pongan sus huevos en nuestra mente. A estos malos pensamientos, la palabra de Dios les llama huevos de áspid, que son sembrados en nuestras mentes por el enemigo (si se lo permitimos).

"⁵Incuban huevos de áspides, y tejen telas de arañas; el que comiere de sus huevos, morirá; y si los apretaren, saldrán víboras". Isaías 59.5

¿Qué se puede hacer para evitar o vencer los malos pensamientos?

"¹²Bienaventurado el hombre que soporta la tentación, porque cuando haya resistido la prueba, recibirá la corona de vida que Dios ha prometido a los que lo aman. ¹³Cuando alguno es tentado no diga que es tentado de parte de Dios, porque Dios no puede ser tentado por el mal ni él tienta a nadie; ¹⁴sino que cada uno es tentado, cuando de su propia pasión es atraído y seducido". Santiago 1.12-14

Ciclo de la tentación:

- Atracción
- Seducción

- Concepción
- Consumación
- Muerte

Si una persona es atraída por su propia concupiscencia, se sentirá seducida, y comenzará a jugar con malos pensamientos en vez de reprenderlos. Esos pensamientos se establecerán en su mente, lo cual traerá la concepción del pecado. Ésta es la etapa del embarazo (hasta este momento, todavía no ha habido pecado físico); luego de esta etapa, viene la consumación, que es el acto físico. He encontrado un común denominador en muchas personas que han cometido adulterio, pecados sexuales o fornicación, y que han visto la destrucción de su familia y su matrimonio. Este común denominador es que ellos, tiempo atrás, ya habían aceptado el pecado en su mente y su corazón. Cuando el enemigo le envía tentaciones por medio de pensamientos a su mente, ocurren ciertas etapas en el transcurso del tiempo, antes que el acto físico se lleve a cabo. Por ejemplo:

¿Qué sucede si jugamos con pensamientos de adulterio y fornicación?

- La atracción en su mente va destruyendo las barreras de la santidad.

- La atracción en su mente va destruyendo las barreras de la moralidad y el temor de Dios.

- La atracción de la tentación va construyendo barreras en nuestra intimidad con Dios.

Después de esto, aceptamos la atracción y la concebimos; es entonces que esto se convierte en pecado en nuestra mente y corazón.

Testimonio: Éste es el caso de un hombre de Dios que tenía un gran ministerio, que alcanzaba a miles de personas por radio y televisión. Lamentablemente, después de un tiempo, el ministro cometió adulterio. Pero hay que tener presente que su pecado no comenzó en ese momento. Hacía años que él había pecado en su mente y en su corazón, pues fue atraído y seducido, y concibió el pecado, hasta que finalmente lo consumó. Esto lo condujo a la muerte. Lo más importante que el hombre tiene es su corazón. Dios creó el corazón para que de él mane la vida; pero debemos guardarlo porque de él, también podemos sacar cosas malas.

"[23]Sobre toda cosa que guardes, guarda tu corazón, porque de él mana la vida". Proverbios 4.23

Jesús dice: "no son los alimentos lo que contaminan al hombre; no es lo de afuera, sino lo que sale del corazón". Muchas personas piensan que hay pecado solamente cuando éste es consumado. Ellos no creen que jugar y entretener pensamientos malos en la mente sea pecado. Pero, hay una pregunta que debemos hacernos.

¿Qué tipo de pensamientos Dios espera de un creyente?

¿Cree que Dios es honrado por fantasías sexuales de adulterio y fornicación? ¿Cree que Dios es honrado con pensamientos de avaricia, hurtos, venganzas, homicidios, juicio, amargura, soberbia, lascivia e insensatez? ¡Claro que no! Eso es pecado contra Dios.

"⁶...para que en nosotros aprendáis a no pensar más de lo que está escrito..." 1 Corintios 4.6

Jesús nos enseña de dónde vienen todas las cosas malas.

"²¹...porque de dentro del corazón de los hombres, salen los malos pensamientos, los adulterios, las fornicaciones, los homicidios..." Marcos 7.21

Cuando existe algo de lo mencionado anteriormente en nuestro corazón, el enemigo vendrá a tentarnos con pensamientos que activen lo que hay allí para que caigamos en pecado. Pablo nos da una lista, que veremos más adelante, de lo que debemos pensar. Por ahora, analicemos lo que dice la Biblia Amplificada, en Marcos 7.21

"Pues de su interior, o sea, del corazón del hombre, vienen pensamientos bajos y malvados (inmoralidad sexual, robo, homicidio, adulterio), codicia (avaricia, el deseo de tener más riquezas), maldad peligrosa y destructiva, engaño, conducta no restringida (indecente) y mal de ojo u ojo malvado (envidia); difamación (hablar malicia), representación fraudulenta (injuria), orgullo (la escena de un corazón altivo contra Dios y el hombre), necedad (tontería, falta de sentido común, imprudencia). Toda esta maldad (propósito y deseo) viene del interior y hacen al hombre sucio y falto de santidad". Entonces, ¿en qué debemos pensar?

"⁸Por lo demás, hermanos, todo lo que es verdadero, todo lo honesto, todo lo justo, todo lo puro, todo lo amable, todo lo que es de buen nombre; si hay virtud alguna, si algo digno de alabanza, en esto pensad. ⁹Lo que aprendisteis, recibisteis, oísteis y visteis en mí, esto haced; y el Dios de paz estará con vosotros". Filipenses 4.8, 9

Lo que el apóstol nos está diciendo, es lo siguiente: piense, pese y tome responsabilidad por cada actitud y pensamiento. Fije su mente en cada una de las virtudes citadas anteriormente y el resultado que obtendrá será paz en su mente y en su corazón.

"⁷Y la paz de Dios, que sobrepasa todo entendimiento, guardará vuestros corazones y vuestros pensamientos en Cristo Jesús". Filipenses 4.7

"³Tú guardarás en completa paz a aquel cuyo pensamiento en ti persevera, porque en ti ha confiado". Isaías 26.3

Dios está interesado, no solamente, en lo que hacemos, sino también en lo que pensamos. Hemos tomado la idea equivocada, porque creemos que es malo solamente hacer o cometer el pecado y que no es tan malo el pensar en ellos. Pero, la Palabra es clara al respecto cuando dice:

"¹²La palabra de Dios es viva, eficaz y más cortante que toda espada de dos filos: penetra hasta partir el alma y el espíritu, las coyunturas y los tuétanos, y discierne los pensamientos y las intenciones del corazón". Hebreos 4.12

Dios espera que nuestra vida sea pura. Entonces, ¿por qué existe tanto pecado en las iglesias y en el mundo? Porque nuestra mente está contaminada de pensamientos que nos llevan a pecar. El medio que nos rodea, constantemente, bombardea nuestra mente con muchos pensamientos e imágenes que incitan al pecado, estas imágenes son presentadas en la televisión y en todos los medios de comunicación. ¡Por eso, estamos como estamos! Es terrible ver matrimonios destruidos, hijos en rebelión por causa del divorcio, creyentes apartados porque alguien los hirió o porque jugaron con los malos pensamientos, en vez de cortarlos a tiempo. Quien comete pecados sexuales, lo hace porque, mucho antes de cometerlos, ya los había recibido en su mente y en su corazón.

La persona que acepta el mal pensamiento, siempre cree que no va a llegar a cometer el hecho; pero, cuando el diablo le presenta la oportunidad, entonces lo consuma, porque ya lo había aceptado en su mente.

Como mencionamos anteriormente, todos los que han caído en pecados sexuales, confiesan haber aceptado un pensamiento relacionado con ese pecado durante meses o años atrás; pero todos creyeron que lo podían dominar. Esto es como el caso de los adictos al alcohol o las drogas. Ellos dicen: "yo puedo parar en cualquier momento", y la realidad es que no lo pueden hacer.

¿Cómo prevenir el pecado y no llegar a la muerte?

Armaos de este mismo pensamiento.

"¹Puesto que Cristo ha padecido por nosotros en la carne, vosotros también armaos del mismo pensamiento, pues

quien ha padecido en la carne, terminó con el pecado, ²para no vivir el tiempo que resta en la carne, conforme a las pasiones humanas, sino conforme a la voluntad de Dios".
1 Pedro 4.1, 2

Jesús tomó nuestro pecado como suyo y nos dio la victoria sobre los malos pensamientos. Ármese de este pensamiento, pues Jesús padeció por nosotros y venció sobre el pecado. ¡Es posible vivir libre de malos pensamientos; ya no tenemos que estar dominados ni controlados por ellos! Tengamos en cuenta que la palabra que usa Pedro es *"armaos"*, porque cuando nos armamos o adoptamos el pensamiento de Jesús, éste viene a convertirse en una poderosa arma de guerra, de acuerdo con la traducción que nos presenta la Biblia Amplificada, la cual dice:

"¹Puesto que Cristo ha padecido por nosotros en la carne, armaos del mismo pensamiento y propósito (sufriendo pacientemente antes de desagradar a Dios); pues quien ha padecido en la carne, (teniendo la mente de Cristo), terminó con el pecado (intencionalmente ha parado de agradarse a sí mismo y al mundo para agradar a Dios)". 1 Pedro 4.1

¿Qué se necesita para seguir a Cristo?

Recuerde que servir a Cristo y ser creyente no es una carrera de velocidad, sino que es una carrera de gran resistencia. De nada vale servir a Dios con todo nuestro corazón por un tiempo, si luego terminamos mal. Cada uno de nosotros, necesita tener perseverancia y consistencia en buscar de Dios y depender de Él.

¿Cuáles son los pasos para prevenir los malos pensamientos y vivir con una mente pura y limpia?

Debemos manejar nuestros pensamientos. No podemos dejarnos controlar ni ser atraídos por ellos. Nosotros somos el fruto de nuestros pensamientos. Aquello que pensamos, eventualmente, llegará a nuestro corazón, y de la abundancia del corazón, hablará nuestra boca; y en lo mismo, se basarán nuestros actos.

"¹⁹Oye, tierra: Yo traigo el mal sobre este pueblo, el fruto de sus pensamientos, porque no escucharon mis palabras y aborrecieron mi Ley". Jeremías 6.19

1. **Cortar y arrepentirnos de esos malos pensamientos.**

   Toda persona que desee agradar a Dios, debe romper el ciclo de malos pensamientos que haya estado consintiendo, y cambiar de mentalidad. También, debe reconocer si ha tenido pensamientos impuros, de odio, venganza, juicio, robo, codicia, adulterio y fornicación, y arrepentirse de ellos.

2. **Activar un nuevo ciclo con nuevos pensamientos de vida.**

   Una vez que hemos cortado con el ciclo de malos pensamientos, debemos activar el ciclo de nuevos pensamientos o forma de pensar, que nos conduzcan a agradar a Dios con nuestra mente. En todo esto, tenemos que entender que el Señor conoce nuestros pensamientos.

"¹¹Jehová conoce los pensamientos de los hombres, que son vanidad". Salmos 94.11

No es fácil mantenernos en el espíritu, porque el mundo ataca nuestra mente constantemente; es un gran esfuerzo. Para lograrlo, tenemos que dejar atrás todo lo que nos conduce a pecar. Recuerde, en nuestras propias fuerzas, es imposible vencer los malos pensamientos. Tenemos que pedir la ayuda del Espíritu Santo y tomar una decisión firme de renunciar a ellos.

3. Entrar en un pacto con Dios para mantener una mente pura y limpia.

Para lograrlo, quiero que tenga en cuenta la respuesta a las siguientes preguntas: ¿Qué pensamientos ha estado entreteniendo en su mente? ¿Han sido impuros, sexuales, de adulterio, de juicio, venganza, ira, odio? Si su respuesta es afirmativa a cualquiera de ellos, lo primero que debe hacer es arrepentirse y hacer un pacto con Dios de mantener una mente pura y limpia. Hagámoslo, ahora mismo.

4. Llevar todo pensamiento cautivo.

"⁵...derribando argumentos y toda altivez que se levanta contra el conocimiento de Dios, y llevando cautivo todo pensamiento a la obediencia a Cristo..." 2 Corintios 10.5

Cada vez que esos pensamientos vengan a su mente, ordéneles con su boca, que se vayan, y no los entretenga. Cuando venga un pensamiento malo, llévelo cautivo y reemplácelo con un pensamiento bueno. La palabra de Dios nos manda a pensar en todo lo bueno, lo amable, lo que tiene buen nombre, todo lo que es santo ("en esto pensad").

Resumamos lo que hemos estudiado en este capítulo para continuar explicando en detalle los pecados sexuales.

- La inmoralidad es una actitud del corazón.

- Una vez que el acto físico se ha cometido, resultará en una ligadura emocional.

- Para evitar que este tipo de pecado entre, los hombres tenemos que tratar a las mujeres adultas como madres y a las jóvenes como hermanas y viceversa.

- La mayor parte de los pecados sexuales comienzan con la siembra de una semilla en la mente, en forma de mal pensamiento. El enemigo sembrará ese mal pensamiento en el momento de menor resistencia espiritual o de mayor debilidad.

- Jesús dijo que no se puede entretener o jugar con malos pensamientos; pues, al hacerlo, ya se comete adulterio en el corazón.

- La manera de eliminar esos pensamientos es llevándolos cautivos a la obediencia a Cristo.

Capítulo 5

La Inmoralidad Sexual y los Demonios

Pecados sexuales o impureza sexual. Según el libro de Gálatas, hay cuatro pecados sexuales de los cuales se derivan el resto de esos mismos pecados, y son los siguientes: adulterio, fornicación, inmundicia y lascivia.

El apóstol Pablo habla de las obras de la carne, comenzando con los pecados que se relacionan con el cuerpo. En mi experiencia ministrando liberación a hombres, he encontrado que siete de cada diez de ellos, tienen problemas sexuales. Lamentablemente, éste es uno de los temas que menos se habla en las iglesias, aun cuando es el tipo de pecado que más abunda en ella. Esta clase de pecado es culpable que muchas familias estén rotas en la iglesia de Cristo, y aun de que muchos ministerios hoy estén destruidos.

1. ¿Qué es el pecado de adulterio?

Adulterio es la palabra griega *"moiqueia"*, que denota la acción de mantener relaciones sexuales con otra persona fuera del matrimonio.

En la palabra de Dios, este pecado se llama infidelidad matrimonial. Es un pecado de la carne que transgrede o viola los principios establecidos por Dios. El adulterio, tanto en el pasado como en el presente, ha sido una epidemia dentro de la Iglesia y en el mundo. Hemos sabido de ministros y ministerios muy reconocidos, que han sido destruido a causa del mismo. Nosotros como iglesia, debemos hablar y confrontar efectivamente este tipo de problema.

2. ¿Qué es la fornicación?

Fornicación es la palabra griega *"porneia"* —de la cual también se deriva la palabra pornografía—. Ésta se refiere a la relación sexual que mantienen dos personas que no están casadas. Esta relación es ilícita aunque vivan juntas por mucho tiempo.

Las iglesias de hoy están llenas de personas que conviven juntas y tienen hijos, pero no están casadas; y por eso, la bendición de Dios no llega a sus hogares en su totalidad. ¿Por qué las personas no quieren casarse? La mayoría de personas no se quieren casar porque no quieren comprometerse. Su pensamiento suele ser: "Si esta unión no funciona, me separo y busco otra persona". Están buscando la persona ideal, y mientras tanto, viven juntos y están pecando contra Dios. Por ejemplo, así usted tenga cuatro hijos y veinte años viviendo con la misma pareja, si no se ha casado, está viviendo en fornicación, y esto es un pecado de la carne, el cual Dios castiga grandemente.

¿Cuáles son los cuatro tipos de adulterio y fornicación?

▷ **Adulterio de los ojos**

"¹Hice pacto con mis ojos, ¿cómo, pues, había yo de mirar a una virgen?" Job 31.1

El deseo de los ojos es una de las raíces principales de pecados. Por esta razón, Job hizo un pacto con Dios para no ver con codicia a una mujer virgen. La traducción de la Biblia Amplificada dice así: "He dictado un pacto (un acuerdo) a mis ojos, ¿cómo podría mirar con lascivia o con codicia a una muchacha?" Recordemos que los hombres son tentados, primeramente, por medio de sus ojos. Por eso, debe haber convicción de pecado para tomar la decisión de hacer un pacto, de mirar a la mujer de una manera correcta.

▷ **Adulterio del corazón**

De acuerdo a la Palabra, no es pecado ver a una mujer, y admirarla con pureza en el corazón; pero, sí es pecado mirarla para codiciarla. Cuando esto ocurre, ya se cometió adulterio en el corazón.

"²⁷Oísteis que fue dicho: No cometerás adulterio". Mateo 5.27

▷ **Adulterio de la mente**

Hay personas que juegan, continuamente, con pensamientos de sexo ilícito; y si una persona tiene este tipo de fantasías sexuales en su mente, es como si hubiera cometido el pecado en sí.

▷ **Adulterio del cuerpo**

Este tipo de pecado es la consumación; es el acto físico de lo que primero entró por los ojos y se meditó.

Unirse sexualmente con una persona acarrea ligaduras físicas, emocionales, espirituales, y además produce una transferencia de espíritus. Esto ocurre porque en el momento en que están juntos íntimamente, se hacen una sola carne. En términos de liberación, eso se llama "ligaduras del alma". Es por eso, que a las personas que cometen el pecado de fornicación y adulterio, se les hace difícil separarse. Quieren dejar el pecado, pero no pueden. Alguien tiene que ayudarlos porque han caído en el lazo del enemigo. Éste es un pecado que sale directamente del corazón; por eso, es tan contaminante. ¿Cuál es la actitud de la persona que vive en adulterio y fornicación? Ellos piensan: "Nadie me ve". Recordemos que aunque nadie nos vea aquí en la tierra, hay uno que ve todo desde el cielo, y ése es Dios.

"^{15}La noche está aguardando el ojo del adúltero, del que dice: 'No me verá nadie', y esconde su rostro".
Job 24.15

Los cuatro tipos de adulterio y fornicación, que acabamos de mencionar, comienzan con un pensamiento, el cual, si lo entretenemos, contamina el corazón, los ojos y el cuerpo.

¿Qué hacemos con personas que están viviendo en adulterio y fornicación? Apartarnos de ellas.

"¹¹Más bien os escribí para que no os juntéis con ninguno que, llamándose hermano, sea fornicario, avaro, idólatra, maldiciente, borracho o ladrón; con el tal ni aun comáis. ¹³Quitad, pues, a ese perverso de entre vosotros".
1 Corintios 5.11, 13

En conclusión, podemos decir que los pecados de adulterio y fornicación son abominables delante de los ojos de Dios; por tanto, debemos apartarnos de ellos.

3. ¿Qué es la inmundicia?

La inmundicia es una mancha moral de las personas que son dadas a la lascivia y al desenfreno sexual. La inmundicia es una combinación de adulterio, fornicación, masturbación, homosexualismo, lesbianismo, incesto, entre otros.

"²⁷¡Ay de vosotros, escribas y fariseos, hipócritas!, porque sois semejantes a sepulcros blanqueados, que por fuera, a la verdad, se muestran hermosos, pero por dentro están llenos de huesos de muertos y de toda inmundicia".
Mateo 23.27

Si no paramos de adulterar y fornicar, caeremos en lo más profundo de los pecados sexuales, lo cual nos llevará a la siguiente etapa que es la inmundicia.

4. ¿Qué es la lascivia?

Lascivia viene de la palabra griega *"aselgeia"*, que denota exceso, ausencia de freno, indecencia, disolución. Es uno de los males que proceden del corazón.

"^{19}Éstos, después que perdieron toda sensibilidad, se entregaron al libertinaje para cometer con avidez toda clase de impureza". Efesios 4.19

"Aselgeia" es lujuria, toda indecencia desvergonzada, concupiscencia sin frenos. Es depravación sin límites, es cometer pecado a plena luz del día con arrogancia y desprecio.

Como puede ver, la gravedad de estos pecados es progresiva. Se llama pecado de lascivia cuando la persona ha llegado a un desenfreno tal, que no puede dejar de cometer estos actos. Se encuentra en una total ausencia de freno, falta de decencia, se vuelve sucia en todo aspecto. La lascivia no solamente se comete en el área sexual, sino también, con la boca al comer demasiado, al usar drogas y en cualquier pecado en general. Ninguna persona empieza a pecar desenfrenadamente, sino que es un proceso donde va perdiendo, gradualmente, el control y dominio sobre sus pensamientos, su cuerpo, su boca y su vida. Cuando el pecado es cometido de continuo, se abre la puerta para que vengan los demonios y opriman a la persona. Para cada obra de la carne, existen demonios asignados que atormentan a las personas que practican esos tipos de pecado continuamente.

Cuando alguien llega a la lascivia es porque ha perdido el temor de Dios en su conciencia. Son personas que se convierten en violadoras, abusadoras de niños y cometen aberraciones sin control. Entran en las prácticas sexuales más sucias y violentas a fin de satisfacer su deseo compulsivo. Todo a su alrededor se destruye, como por ejemplo, su matrimonio, hijos y familia, por completo. Sólo Jesús puede liberarlos de esa esclavitud. Con cierta frecuencia, los pecados sexuales ocurren en la iglesia. Hay hombres que visitan las iglesias deseando sexualmente a las mujeres. Y hay mujeres llenas del espíritu de seducción, que van en busca de los hombres de Dios.

¿Por qué existen problemas de pecados sexuales en algunas personas? ¿Cuáles son las tres grandes causas?

- Maldiciones generacionales: Las maldiciones generacionales representan una de las causas más comunes de pecados sexuales. En muchas personas he encontrado que la mayoría de problemas en esta área, son repetitivos, es decir que también los tuvieron sus padres, abuelos y otros familiares.

- Opresiones sexuales del pasado, tales como: traumas, incestos, abusos cometidos por individuos cercanos a la familia, entre otros.

- Pornografía/TV-Radio/Revistas. En el mundo actual, la mayor parte de medios de comunicación ofrece un ingrediente pornográfico en menores o mayores cantidades, el cual afecta nuestra mente. Pero, está de nuestra parte que llevemos todo pensamiento cautivo a la obediencia a Cristo.

Testimonio: Duré mucho tiempo viendo pornografía. Veía hasta seis películas por día, y después que terminaba de verlas, me iba al cuarto a llorar. Una noche me levanté a las 2:00 am a masturbarme, y dije: ¡Dios, ya no puedo más! Y me puse a llorar como un niño. Cogí los videos y los eché en un maletín para botarlos donde nadie los cogiera. ¡Doy gracias a Dios porque salí de eso!

¿Cuál es la solución para evitar los pecados sexuales? ¿Qué puede hacer un creyente que tiene problemas de lascivia, adulterio, inmundicia, lesbianismo, homosexualismo, fornicación o pornografía?

- Identificar si es ocasionado por la influencia de un espíritu demoníaco.

La forma de hacerlo es detectando si ese problema ya llegó a ser un deseo compulsivo, o sea, algo que controla o domina al individuo como un vicio, el cual ha tratado de romper con ayuno y oración, pero no ha podido. Si éste es el caso, busque liberación y Dios le hará libre. Cuando es producto de una obra de la carne, con ayuno y oración, y viviendo en el espíritu, usted podrá controlar aquello que lo esté afectando. Luego, debe vivir crucificando la carne día a día.

- Huir del pecado

Este tipo de tentaciones y pecados sexuales, no se resisten ni se reprenden. No espere que lleguen, no los entretenga, no juegue con ellos... ¡huya!, ¡huya!, ¡huya! Me he encontrado con un sinnúmero de personas que dicen: "pastor yo soy fuerte y puedo resistir toda tentación sexual", y por eso no huyen de ella. El resultado de esto es que terminan cayendo. Veamos qué pasó en el caso de José.

"11Pero aconteció un día, cuando entró él en casa a hacer su oficio, que no había nadie de los de casa allí. 12Entonces ella lo asió por la ropa, diciendo: —Duerme conmigo. Pero él, dejando su ropa en las manos de ella, huyó y salió". Génesis 39.11, 12

Si usted huye de las tentaciones lleva ventaja. Pero si las enfrenta o las entretiene, éstas se hacen diez veces más fuertes. Es recomendable que tome medidas drásticas si hay cosas que sabe que lo influencian o lo llevan a pecar, tales como: apartarse totalmente de amistades, lugares y situaciones.

"18Huid de la fornicación. Cualquier otro pecado que el hombre cometa, está fuera del cuerpo; pero el que fornica, contra su propio cuerpo peca". 1 Corintios 6.18

"3La voluntad de Dios es vuestra santificación: que os apartéis de fornicación..." 1 Tesalonicenses 4.3

Hay personas que no pueden desligarse del pecado; y a veces es porque les gusta el jueguito. Si éste es su caso, pues le anticipo que no podrá ser libre. Pero si realmente quiere dejar de ofender a Dios, le aseguro que tomando la decisión de huir y de no entretener más la idea, Dios comenzará a traer su libertad.

¿Qué hacer con los pecados sexuales?

- Si es un espíritu inmundo, busque liberación.

- Si es un problema de la carne, crucifíquela y no satisfaga sus deseos.

- Huya de todo pecado sexual. No entretenga los pensamientos. No esté sólo en lugares donde pueda ser tentado.

- Cásese en vez de estar cometiendo fornicación.

"⁸Digo, pues, a los solteros y a las viudas, qué bueno les sería quedarse como yo; ⁹pero si no tienen don de continencia, cásense, pues mejor es casarse que estarse quemando". 1 Corintios 7.8, 9

Es importante que nos apartemos y huyamos de estos cuatro pecados sexuales, y también, que busquemos liberación antes que sea demasiado tarde.

Capítulo 6

Las Diez Prácticas Sexuales Ilícitas más Comunes

A continuación, veremos las diez prácticas ilícitas más comunes que se derivan de las cuatro estudiadas anteriormente. Estudiaremos, una a una, las consecuencias que trae la práctica de esos pecados y la dirección bíblica para vencerlos.

1. La masturbación

¿Qué es la masturbación? Es excitar manualmente los órganos genitales externos con el fin de provocar placer sexual. Es el hábito de procurarse, solitariamente, goce sexual.

Generalmente, comienza a temprana edad. Puede ser provocada por un deseo del individuo de estimularse a sí mismo o por un abuso sexual. Una vez que el hábito se establece, es algo irresistible, y puede continuar hasta la edad adulta. A veces, incluso, se practica cuando la persona está casada. Ambos sexos pueden ser dominados por este espíritu de lujuria. Recordemos lo que estudiamos anteriormente, que si la masturbación se practica de continuo, abre las puertas para que venga un espíritu inmundo de lascivia, y entonces, se hace más difícil ser libre, a menos que Jesús nos libere.

¿Cuáles son las consecuencias de la práctica de la masturbación?

- Culpabilidad, baja autoestima, esterilidad espiritual, y algunas veces, hasta el rompimiento del matrimonio. Lamentablemente, algunos doctores, psiquiatras, psicólogos, pastores y consejeros, recomiendan la práctica de la masturbación diciendo que no es pecado. Pero la masturbación es pecado, es lujuria, es egocéntrica y está asociada a fantasías sexuales.
- A menudo la persona llega al punto de idolatrar sus órganos sexuales. Es totalmente contraria a los estándares bíblicos de pureza.
- Según algunos médicos, la masturbación afecta la glándula de la próstata del hombre, y puede ocasionar serios problemas.

He visto personas ser liberadas de este vicio —del espíritu de lujuria—, pero para que esto suceda la persona tiene que arrepentirse delante de Dios, y después ser ministrada y liberada con el poder del Señor.

La masturbación llega a las personas de dos maneras:

- Por elección. Hay ciertos individuos que eligen voluntariamente practicar este vicio, dando lugar a un espíritu malo de adicción y lujuria.

- Por herencia. Hay casos en que los padres y la familia han venido practicando la masturbación, y los hijos heredan este deseo impuro.

¿Cuál es la solución a la masturbación?

- Renuncie voluntariamente.
- Renueve su mente.
- Eche a la basura revistas y videos pornográficos.
- No juegue con pensamientos impuros de sexo.
- Busque liberación en su iglesia, con su pastor o sus líderes.

Testimonio: Mi problema era la fornicación y la masturbación. Estuve casado un tiempo en Cuba, pero nunca logré nada bueno en mi matrimonio a causa de mi pecado. (Siguiendo lo que me enseñaron mis padres, que era normal masturbarse, que era parte de la juventud y que así me liberaba un poco del estrés). Por otro lado, los psicólogos dicen que eso es normal, aunque en realidad es pecado.

Me sentía bien contando todas mis andanzas malas a los demás, pero nunca llegué a encontrar lo que todo el mundo busca en la vida, que es la paz interior y la verdad. Muy tarde entendí que la fornicación es entregarse por completo a un momento de placer, y perder la felicidad que Dios nos da.

Mi madre ya me había hablado del Señor. Ella solía ponerme a leerle la Biblia diciendo que estaba cansada.

Busqué del Señor, y un día, orando en mi cama, empecé a hablar en lenguas. Menos mal que mi mamá me había explicado qué eran las lenguas, porque de otra manera, hubiera pensado que estaba loco. Entonces dije: "Dios está vivo, no está muerto". Realmente me sentí tocado. Esto no es una cosa que llega, sino algo que tú buscas. Yo le dije: "Padre, yo sé que tengo que cambiar mi vida". Y así pasó; fui cambiando poco a poco. Luego fui tentado varias veces cuando en Internet encontré correos de pornografía, y si bien antes me parecían normales, esta vez sentí una voz que me dijo: "¿no sabes que por cosas pequeñitas entran los demonios a tu casa?". Ahora me siento nuevo, sé lo que quiero: una esposa, un hogar, salir adelante en mi vida. Dios me tocó, y me sanó de esas enfermedades; porque la fornicación, la pornografía y la masturbación son las grandes enfermedades de hoy en día, aunque nuestra sociedad las vea como algo pequeño.

Testimonio: Desde que era niña me masturbaba debido a que un día vi a mis padres tener relaciones, y eso me traumatizó tanto, que se quedó grabado en mi mente. Cuando me casé seguí haciendo lo mismo, y terminé divorciándome. Volví a unirme a otro hombre, pero seguía masturbándome. Cuando llegué a la iglesia, empecé a sentir la presencia de Dios y el Espíritu Santo empezó a obrar en mí. Una noche me arrodillé y le pedí al Señor que no quería sentir más eso, que me quitara ese problema. Desde esa noche, no volví a sentir el deseo de masturbarme. ¡Fui libre!

Testimonio: Yo estaba atada al espíritu de masturbación y fornicación. Ese espíritu vino a mi vida cuando vi a mi madre cometer adulterio. Ayunaba, oraba, pero nada se rompía; seguía con el mismo problema. Muchas veces, lloré delante del Señor pidiéndole que me quitara ese problema porque yo quería alabarle con pureza. Entonces me metí en otro ayuno, y fue cuando vi a Satanás y me dijo: "tú eres mía, yo voy a tener sexo contigo"; y le dije: "esta vez no caigo, yo no caigo". El Espíritu Santo me guió a decir: "yo ato mi cuerpo a tu trono, yo ato mi mente a tu Palabra, yo ato mi cuerpo a tu sangre", y cuando dije esto, escuché que se rompió una cadena y el sonido de una serpiente. Dios me hizo libre, y también, me dio la revelación que cuando sea tentada, use Su palabra. Ahora Cristo llena mi corazón más que el sexo, más que la comida. ¡Sí se puede ser libre del espíritu de masturbación!

Testimonio: Yo veía con regularidad las revistas de pornografía que mi papá guardaba en su closet. Mi mamá trató de explicarme, pero eso me afectó y se grabó en mi mente. A pesar de que sentía temor, me gustaba, sentía atracción. Yo creía que cuando quisiera dejar de masturbarme, lo haría; porque según yo, tenía dominio propio. Pero la verdad es que eso me controlaba, inclusive, oí una voz interior que me decía: "tú eres mía".

Estaba desesperada, y en realidad cuando uno está desesperado por sanarse, Dios lo sana. Le pedí al Señor que me sanara, pero incluso teniendo la Biblia en mi mano, lo hacía. Un día le dije: "perdóname, Señor, tú sabes que esto es algo más fuerte que yo. Tú sabes que es una lucha entre el diablo y Tú, yo no lo puedo vencer, solamente Tú puedes vencer", y cuando dije estas palabras, me sentí libre. ¡Me siento libre, me siento feliz porque todos tenemos un potencial para ser lo máximo!

2. **Problemas sexuales causados por incesto, abuso o por haber sido molestados sexualmente.**

Estas experiencias siempre son devastadoras y causan problemas inmediatos y a largo plazo.

¿Cuáles son las consecuencias que acarrean estos problemas sexuales?

Entre las múltiples consecuencias que podemos encontrar, una es, que la persona se siente engañada, lo que a su vez provoca que ésta se vuelva emocionalmente fría y se retraiga ante la gente y consigo misma. A mediano o largo plazo les sucede que, cuando se casan, se dan cuenta que son frígidas sexualmente. Algunas víctimas de estos tres tipos de abuso, piensan que el sexo es sucio y que no se debe practicar ni aun dentro del matrimonio, porque se sienten culpables. Cada vez que van a tener relaciones con su pareja, les parece una tortura. Por el contrario, otras personas con este tipo de problemas se vuelven lujuriosas, tienen deseos compulsivos de tener sexo a diario, y no están conformes con una sola pareja. Como consecuencia, creen que ninguna persona decente las considerará seriamente como candidatas para una relación formal. La mayor parte de personas que han sido abusadas y molestadas sexualmente, terminan destruyendo su hogar y aun su propia vida.

¿Cuáles son las soluciones a este tipo de problemas?

- Liberación de los espíritus de incesto, lascivia, frigidez, abuso y masturbación. Esto se logra renunciando a cada uno de esos espíritus. Si no puede hacerlo solo(a), busque la guía de una persona entrenada para realizar liberación, para que lo ayude.

- Sanidad interior de sus emociones. Cuando una persona ha sido abusada sexualmente, su "alma se fragmenta" (vea la definición de este término más adelante), sus emociones se hieren y necesita sanidad emocional en su alma.

- Perdonar a aquellos individuos que cometieron el abuso. El perdón es la clave principal para que una persona sea liberada, sanada y restaurada. Si la persona no perdona, Dios no puede hacer absolutamente nada. Por eso, es indispensable perdonar a los agresores de todo corazón.

- Orar por una limpieza de la mente que nos conduzca a tener una actitud correcta hacia el sexo en el matrimonio.

3. La promiscuidad por elección

Conozcamos algunos actos sexuales que abren puertas a espíritus demoníacos en nuestra vida. Algunos ya los hemos estudiado anteriormente, y son:

La fornicación. Son las relaciones sexuales entre un hombre y una mujer que no están casados entre sí.

El adulterio. Es tener relaciones sexuales con una persona casada.

La masturbación. Es la estimulación de los órganos sexuales como un acto lujurioso. Algunas personas practican esos actos impuros como una alternativa, con el fin de experimentar placer sexual sin el peligro de un embarazo.

El sexo oral. Es la estimulación de los órganos sexuales por medio de la boca como un acto lascivo. La razón principal por la cual el sexo oral es prohibido por la Palabra de Dios, es porque Dios hizo los diferentes órganos del cuerpo para cumplir ciertas funciones específicas. Dios hizo la boca para hablar, para adorarle y bendecirlo; no fue hecha para tener sexo. Eso va contra la naturaleza establecida por Dios, pues Él creó al hombre y a la mujer con órganos sexuales que cumplieran esas funciones.

Las prácticas de masoquismo sexual. Es una perversión sexual donde se usan la violencia y el dolor para obtener placer. Esta práctica deshonra el cuerpo, pervierte la naturaleza de las relaciones humanas y ofende a Dios.

¿Cuáles son las consecuencias de la promiscuidad sexual, como la fornicación y el adulterio?

- El adulterio y la fornicación traen la muerte espiritual, física y emocional.

"¹⁰Si un hombre comete adulterio con la mujer de su prójimo, el adúltero y la adúltera indefectiblemente serán muertos". Levíticos 20.10

El adulterio traerá consecuencias temporales y eternas. Traerá consecuencias en el plano natural como enfermedades, pobreza y miseria; también traerá consecuencias espirituales, como heridas, dolor, quebranto y depresión en la familia.

> El que comete adulterio corrompe su alma.

"³²También al que comete adulterio le falta sensatez; el que tal hace corrompe su alma". Proverbios 6.32

La persona que comete adulterio o cualquier promiscuidad sexual, está cegada en su entendimiento por un espíritu de engaño y mentira; por tanto, no entiende el daño que le ocasiona a su familia, a sus hijos, y sobre todo, al reino de Dios. Otra gran consecuencia que sufre la persona que comete adulterio es que corrompe su alma. La palabra "corromper", en el idioma hebreo, da la idea de "fragmentar". El alma de la persona se va fragmentando en pedazos, y el individuo va perdiendo su personalidad, ya que liga su alma a la de otra persona. Por consiguiente, pedazos del alma de la otra persona se vienen con él, y pedazos del alma de él se van con la otra persona. Como resultado, se vuelve una persona inestable, que no es dueña de su propia personalidad; su alma se corrompe. La persona adúltera es aquella que siempre es inestable emocionalmente; es de doble ánimo, nunca está satisfecha, se siente incompleta, descontenta consigo misma. Todo esto, por causa del adulterio, la fornicación y la promiscuidad sexual.

- El adulterio trae heridas y vergüenza.

"33Heridas y vergüenza hallará, y su afrenta nunca será borrada". Proverbios 6.33

Las primeras personas en sufrir las heridas emocionales son las de nuestra familia. Hay muchos hijos con dolor en sus corazones porque papá o mamá se fue con otra persona. Las consecuencias de esto son devastadoras en los hijos. Algunos de esos niños y niñas crecen con resentimiento, amargura y odio contra sus padres. Muchos de ellos terminan sintiendo rechazo, soledad o usando drogas; y lo más triste es que, cuando ellos crecen, también cometen adulterio en sus matrimonios, ya que ésta es una maldición que se hereda de generación en generación. También encontramos que hay muchas heridas que se siembran en el corazón de los cónyuges, tales como: falta de perdón, amargura y odio por la traición y la infidelidad. Ocasiona vergüenza a la familia, vergüenza al evangelio, vergüenza y descrédito en todas las áreas de la vida. La afrenta del adulterio nunca más es borrada. El adulterio cometido siempre estará presente en la mente y corazones de aquellos que lo sufrieron.

Es como una marca que estará siempre presente en la vida de aquellas personas. El Señor perdona y olvida, pero las consecuencias de nuestras transgresiones permanecen para siempre.

Personalmente, he orado por muchos hijos cuyos padres se divorciaron por causa de la promiscuidad sexual. La mayor parte de ellos se involucraron en la droga, se hicieron parte de las gangas o pandillas; y otros murieron. Por eso es importante apelar al corazón de aquellos padres que hoy mismo están teniendo este tipo de prácticas, para que consideren lo que están haciendo y se arrepientan de su pecado; que se aparten de él y vuelvan a sus hogares, que Dios los perdona y los restaura. Todavía hay tiempo si existe un arrepentimiento genuino. Si no lo hace por usted, hágalo por su familia y, sobre todo, por Dios.

- El que comete adulterio y fornicación no heredará el reino de Dios.

"⁹... no os engañéis: ni los fornicarios, ni los idólatras, ni los adúlteros, ni los afeminados, ni los homosexuales... ¹⁰heredarán el reino de Dios".
1 Corintios 6.9, 10

La Escritura nos habla, claramente, que la persona que comete adulterio no puede heredar el reino de Dios, a menos que se arrepienta.

> Los adúlteros y fornicarios serán juzgados por Dios.

"⁴Honroso sea en todos el matrimonio y el lecho sin mancilla; pero a los fornicarios y a los adúlteros los juzgará Dios". Hebreos 13.4

Dios es misericordioso y bueno con todos, pero aquellos que no se arrepienten de pecados como la fornicación y el adulterio, serán juzgados por Dios públicamente, y les traerá vergüenza y deshonra.

Los que cometen adulterio pueden perder su familia, pues es la única razón bíblica para divorciarse.

"¹⁹Y yo os digo que cualquiera que repudia a su mujer, salvo por causa de fornicación, y se casa con otra, adultera; y el que se casa con la repudiada, adultera". Mateo 19.19

4. Las fantasías sexuales

Las fantasías sexuales pueden llegar a dominar la mente de una persona, causándole una pérdida del sentido de la realidad. Muchas veces las fantasías sexuales precipitan la actividad inmoral. Jesús claramente nos advirtió que el hombre peca desde el mismo momento que comienza a entretener pensamientos, sin importar si consuma o no el acto físico. Anteriormente estudiamos este verso, pero ahora veámoslo con más detalles.

"²⁸Pero yo os digo que cualquiera que mira a una mujer para codiciarla, ya adulteró con ella en su corazón". Mateo 5.28

La traducción amplificada dice:

"Pero yo os digo que cualquiera que mira mucho a una mujer para codiciarla (con deseos malos, teniendo fantasías sexuales en su mente con ella) ya adulteró con ella en su corazón".

Es por esta razón que la pornografía, en cualquiera de sus formas, debe ser evitada porque le pueden conducir a prácticas de promiscuidad sexual y actos de inmundicia. No podemos jugar con fantasías sexuales en nuestra mente, por las razones que hemos estado estudiando.

5. La pornografía

La palabra griega *"pornographos"* está compuesta a su vez por dos palabras: *"porno"*, que significa prostituta, y de *"grapho"*, que significa escribir, anotar, grabar, trazar, imprimir o guardar récord de algo. Si unimos estas dos palabras, podemos concluir que la pornografía incluye la representación complaciente de actos sexuales en videos, películas de clasificación R (X-rated), revistas, libros y escenas de sexo en vivo. Esto es lo que hacen quienes se dedican a la prostitución, que es el acto por el cual alguien admite participar en una o varias de las formas de promiscuidad sexual mencionadas anteriormente, a cambio de dinero.

¿Cuáles son las ganancias de la industria pornográfica?

Estadísticas de la industria pornográfica

El tamaño de la industria	$57.0 billones en todo el mundo $12.0 billones en Estados Unidos.
Videos para adultos	$20.0 billones
Servicio de acompañante	$11.0 billones
Revistas	$7.5 billones
Clubes de sexo	$5.0 billones
Sexo por teléfono	$4.5 billones
Cable/"Pay per View"	$2.5 billones
Internet	$2.5 billones
CD-Rom	$1.5 billones
Novedades	$1.0 billones
Otros	$1.5 billones

Las ganancias de la pornografía sobrepasan todas las ganancias combinadas de los profesionales de football, baseball y basketball. Las ganancias de la pornografía dentro de los Estados Unidos sobrepasan las ganancias de las tres cadenas de televisión más grandes de Estados Unidos: ABC, CBS, y NBC (6.2 billones). La pornografía de niños genera, aproximadamente, $3.0 billones anualmente.

Estadísticas de pornografía por Internet en personas adultas:

1.	Hombres que admiten ver pornografía durante horas de trabajo	20%
2.	Mujeres que admiten ver pornografía durante horas de trabajo.	13%
3.	Adultos en los Estados Unidos que visitan páginas de pornografía en el Internet regularmente.	40 millones
4.	Hombres de pacto que miraron pornografía en la semana.	53%
5.	Cristianos que admiten que la pornografía es un gran problema en sus hogares.	47%
6.	Adultos que admiten estar adictos a la pornografía por Internet.	10%
7.	Porcentaje de mujeres que visitan sitios ("sites") pornográficos por Internet.	28%
8.	Porcentaje de hombres que visitan sitios ("sites") pornográficos por Internet.	72%

Algunas consecuencias catastróficas derivadas del uso de la pornografía son:

- Aumento de las violaciones sexuales y crímenes relacionados con el sexo.

- Divorcios causados por los materiales pornográficos traídos al hogar.

- La pornografía introduce a los niños a la masturbación y a la necesidad de experimentar su sexualidad.

- Las figuras de la pornografía quedan grabadas en la mente por tiempo indefinido y no se desarraigan, a menos que se ore por la liberación del individuo en el nombre de Jesús.

- La mayor parte de adultos que han usado pornografía confiesa, con gran culpabilidad y vergüenza, que son constantemente atacados con memorias de aquello que vieron.

- Las mujeres que permiten que se les tomen fotografías o videos, posando desnudas para un material pornográfico, vienen a ser dominadas por muchos espíritus inmundos y necesitan una liberación profunda.

¿Cuál es la solución para ser libre del uso y las consecuencias de la pornografía?

- Arrepentirse delante de Dios por haber usado pornografía, en cualquiera de sus formas.

- Renunciar a los espíritus de pornografía, lascivia, fantasías mentales, adulterio, fornicación, adicción, masturbación, y ordenarles que se vayan de su vida, en el nombre de Jesús.

- Orar al Señor para que borre de la mente, en forma total, todas las memorias de la pornografía.

- Echar a la basura todo material pornográfico que pueda haber en casa, tales como: videos, revistas o cualquier objeto que pueda conducir a la persona a caer otra vez en el mismo pecado.

6. Homosexualidad y lesbianismo

La homosexualidad y el lesbianismo son perversiones de las relaciones sexuales, según lo establecido por Dios. Esta perversión de la sexualidad se da cuando la atracción sexual se encuentra orientada hacia una persona del mismo sexo.

Para juzgar correctamente todo lo relacionado con la homosexualidad, es necesario que vayamos a la palabra de Dios que nos da la verdad absoluta al respecto. Tanto en el Antiguo como en el Nuevo Testamento, Dios prohíbe el homosexualismo y el lesbianismo.

"[22]No te acostarás con varón como con mujer; es abominación". Levíticos 18.22

La homosexualidad en el Nuevo Testamento

"[26]Por eso Dios los entregó a pasiones vergonzosas, pues aun sus mujeres cambiaron las relaciones naturales por las que van contra la naturaleza. [27]Del mismo modo también los hombres, dejando la relación natural con la mujer, se encendieron en su lascivia unos con otros, cometiendo hechos vergonzosos hombres con hombres, y recibiendo en sí mismos la retribución debida a su extravío". Romanos 1.26, 27

Hay algo importante que debemos entender acerca del corazón de Dios hacia la homosexualidad:

Dios ama al individuo que la practica, pero odia el pecado de la homosexualidad.

En la iglesia de Cristo, se ha juzgado y criticado a las personas homosexuales. En vez de ayudarlas y traerlas al conocimiento de la verdad, las hemos aislado de la iglesia. Incluso aquellas personas que han salido de esta práctica, han sido juzgadas y maltratadas, hasta llegar a alejarlas de la misma iglesia. Debemos pararnos firmes y estar en total desacuerdo con el pecado de homosexualidad; sin embargo, tenemos que amar y ayudar al ser humano que lo practica, para que salga de él.

El aumento del virus del Sida ha sido provocado en gran parte por la inmoralidad homosexual. Aun médicos seculares reconocen que, si no hubiese sido por el homosexualismo, el Sida no se hubiese propagado como se ha visto. Sin embargo, este virus también se ha propagado entre la población heterosexual.

Uno de los puntos que debemos entender, es que Dios no creó a nadie homosexual. Dice la Biblia que "varón y hembra los creó". Entonces, la causa principal de la homosexualidad es el pecado.

"*²⁷Y creó Dios al hombre a su imagen, a imagen de Dios lo creó; varón y hembra los creó*". *Génesis 1.27*

¿Cuáles son algunas causas de la homosexualidad?

> **Una maldición generacional de homosexualidad**

Anteriormente dije que Dios perdona y olvida nuestros pecados. Sin embargo, las consecuencias de la iniquidad permanecen y pasan de una generación a otra. Así se manifiestan las desviaciones de los antepasados. La gente lo explica diciendo: "a mi padre le pasaba lo mismo que a mí", y es que el espíritu de homosexualidad es una maldición que pasa de generación en generación a través del padre o la madre. Puede venir por medio de la línea sanguínea desde tres o cuatro generaciones atrás.

La maldición generacional de homosexualidad puede venir de la práctica de sexo anal entre un hombre y una mujer aun dentro del matrimonio. De este modo, su hijo recibirá un espíritu que lo induce a una conducta de sexo anal, la cual puede ser con un hombre o con una mujer. Una vez que la práctica es iniciada y se convierte en una conducta repetitiva, la puerta está abierta para recibir un espíritu de homosexualidad.

> **El rechazo al sexo del bebé**

A veces, cuando los padres están esperando un bebé, desean que sea una niña, y si viene un niño, el bebé recibe el mensaje de rechazo de los padres en lo profundo de su espíritu. Este mensaje es que su sexo no es el correcto. Como resultado de este rechazo de los padres, el bebé en su subconsciente, tratará de vivir y cumplir las expectativas de los padres con respecto al sexo deseado. El rechazo de los padres es tierra fértil para un espíritu demoníaco. Es decir, abre una puerta para que ese espíritu entre en la vida del bebé y desarrolle un espíritu de homosexualidad.

▷ **La rebelión contra los padres**

Hay familias en que el niño es excesivamente amado por su sexo. Es decir, que le colocan demasiado énfasis en que es amado sólo por el hecho de ser varón, y no aprecian otras áreas de su vida. Debido a esta situación, muchos hijos se rebelan contra los padres, que son quienes han puesto esa presión sobre ellos, y la forma de hacerlo es sintiéndose atraídos hacia su mismo sexo, lo que derriba esa imagen impuesta de "hombre-macho".

▷ **Abuso sexual**

Esta es quizá la causa más común de la demonización homosexual. Se origina cuando una persona es abusada sexualmente por otra. Esto también puede ocurrir cuando los niños se abusan el uno al otro; especialmente si uno de ellos tiene un espíritu generacional de homosexualidad. En la mayoría de casos, uno de los niños empuja al otro a seguir con una conducta anormal.

▷ **La dominación paterna o materna**

Por ejemplo, un hombre que es dominado por su madre, cuando llega el tiempo de casarse se le presentan problemas con ella, porque la mamá siente que está siendo rechazada, y ve a la otra mujer como una competencia en el corazón de su hijo. Por tal motivo, el hombre algunas veces prefiere buscar otro hombre para satisfacer sus deseos sexuales; y es así como cae en una vida homosexual. Esto también pasa con las mujeres que son dominadas o muy controladas por sus padres.

▷ **Las relaciones homosexuales voluntarias**

Estas relaciones se presentan en personas que no tienen trasfondo personal ni generacional de homosexualidad, y que simplemente un día deciden probarlo todo. Cuando se comienza esta práctica de forma voluntaria, se le abren las puertas a un espíritu inmundo de homosexualidad, que después es muy difícil sacarlo, a menos que intervenga el poder de Dios.

¿Podemos concluir que la homosexualidad y el lesbianismo son un demonio?

La respuesta es Sí.

Los demonios usarán cualquier ruta para entrar a una persona y distorsionar su sexualidad. Una vez que los demonios entran en el individuo por la práctica continua del pecado, éstos lo controlan y lo dominan hasta esclavizarlo, y finalmente matarlo. Los demonios buscarán una puerta para entrar, ya sea por: una maldición generacional, el rechazo de la sexualidad por parte de los padres, la rebelión contra los padres, el abuso sexual, la dominación paterna o materna, relaciones homosexuales voluntarias o cualquier otra puerta por la cual ellos puedan entrar.

Testimonio: Crecí sin papá, pues se fue de la casa cuando yo tenía cinco años. Me crié con muchas mujeres y mi madre me sobreprotegió desde pequeño. En la escuela me ponían sobrenombres de mujeres, y a la edad de 14 años me creí todo lo que me dijeron. Empecé a sentir atracción por los hombres, aunque internamente luchaba contra esa situación.

Por eso empecé a ir a las iglesias, pues quería cambiar; pero al llegar a los 18 años, declaré que ya era así y que no había solución. Entonces, empecé a ir a los centros nocturnos y a llevar mi vida de esa forma. Hasta que mi mamá se enteró y comenzó a orar todas las noches. Aunque yo le decía que eso no iba a cambiar, ella afirmaba que sí iba a cambiar.

Una noche llegué a mi casa aburrido y drogado. Prendí el televisor y empecé a buscar canales hasta que encontré TBN. Fue ahí que escuché la prédica de un pastor que cambió mi vida. Esa misma noche, el Señor habló a mi corazón y me rendí a Él.

Estaba inseguro y rechazado, tenía mucho rencor con mi papá, pero decidí perdonarlo, y ahora soy libre. El Señor me dijo que yo soy un varón. ¡Siento que tengo futuro, que tengo propósito y que soy libre!

Testimonio: Desde los 17 hasta los 24 años, viví practicando el homosexualismo (lesbianismo). Viví con una mujer, hasta que una pastora me predicó el evangelio. Desde entonces el Señor me liberó de lesbianismo. Yo lloraba en mi cama y decía: "Señor Tú verdaderamente eres fiel, la obra que empiezas la terminas". Ahora tengo el deseo de tener una familia, un esposo. Es impactante, es algo que viene desde adentro de mí. El Señor transforma desde lo más profundo hacia fuera. Mi familia está sorprendida, pues yo vestía hasta como hombre; era algo impresionante.

Testimonio: No me da pena ni vergüenza contar mi testimonio, porque para la gloria del Señor, Él me libertó del homosexualismo. Todo comenzó por problemas de rechazo, cuando mi padre me decía palabras feas y soeces por jugar con mi hermana. Ella no encontraba nada malo en jugar conmigo cosas propias de las niñas. Por otro lado, mi madre me sobreprotegía. En el colegio, me rechazaban, no tenía amigos y me decían lo mismo que me decía mi padre, siempre andaba solo. Cuando llegaba a la casa, no expresaba lo que sentía, y eso se encerró en mí y causó inseguridad.

A los 18 años llegué a Estados Unidos y comencé a ir a todos los lugares gays. Me involucré en el mundo homosexual. Un día una tía me llevó a una iglesia cristiana, y cuando entré, me dieron muchas ganas de llorar, pues el día anterior de estar allí, yo había estado en una discoteca y había estado bebiendo. Tenía pena porque no sabía que llorar era normal. Ese día no pasé al frente, pero ya me había llegado la convicción de que lo que hacía, no estaba bien. Sin embargo, seguí haciendo lo mismo hasta que asistí a un retiro de jóvenes, ahí el Señor me liberó de homosexualismo y masturbación. Mi mamá lloraba mucho por causa de mi estilo de vida; pero un día ella se tiró al piso y le pidió al Señor que me liberara y tuviera misericordia, y el Señor le contestó.

Hoy en día estoy feliz, amo a Cristo más que nunca, Él me habló, y me dijo: "Yo te saqué de todos los lugares gays, del homosexualismo, y te traje aquí". Hoy yo lo glorifico a Él y lo amo con todo mi corazón. Quiero decirles a todas las personas que creen que uno nace así, que esa es una mentira del diablo; yo quiero también que Dios me use para ir a liberar a otros.

¿Cómo puede ser libre de la homosexualidad y el lesbianismo?

Por medio de:

▷ Arrepentirse y confesar el pecado delante de Dios.
▷ Renunciar a la maldición generacional de homosexualidad que venga por la línea sanguínea.

- Romper toda maldición y echar fuera todo espíritu detrás de la maldición.

- Renunciar al espíritu de homosexualidad, rechazo, abuso, lascivia, perversión sexual.

- Pedir al Señor que llene las áreas vacías dejadas por esos espíritus. Pídale al Señor que lo llene con Su presencia.

- Apartarse de personas y lugares que lo lleven a caer en tentación y en el mismo pecado otra vez.

- Buscar liberación y consejería en una iglesia que conozca y entienda sobre liberación.

7. El bestialismo (bestialidad)

Una bestia es un animal cuadrúpedo (en este caso, el doméstico, usado generalmente para la carga). El bestialismo es el acto sexual de un ser humano con un animal de este tipo. La persona que practica esto, tiene la mente llena de inmundicia y perversión; necesita liberación de su alma. Veamos lo que dice la Palabra al respecto.

"^{19}Cualquiera que cohabite con una bestia, morirá". Éxodo 22.19

"^{16}Si una mujer se acerca a algún animal para ayuntarse con él, a la mujer y al animal matarás; morirán indefectiblemente: su sangre caerá sobre ellos". Levíticos 20.16

En ciertas oportunidades me he encontrado con personas, tanto hombres como mujeres, que confiesan tener fantasías sexuales con animales. En algunos casos, esto ocurre porque sus padres han practicado actos de bestialismo. En otros, son personas cuyos padres nunca les dieron amor y cayeron en este pecado. He conocido casos en los que las personas han tenido relaciones sexuales con perros, caballos, vacas, etcétera; pero el Señor las ha liberado totalmente de esos espíritus inmundos.

¿Cómo ser libre del espíritu de bestialismo?

▷ Arrepiéntase por haber cometido el pecado sexual de bestialismo.

▷ Renuncie al espíritu de bestialismo y a todos sus espíritus afines. En el nombre de Jesús, ordene que se vayan de su vida.

8. **Los abortos**

¿Qué es un aborto? Es remover, por la fuerza, un feto del vientre de su madre. Abortar es asesinar una vida cuando aún está en el vientre materno. Las mujeres que han practicado abortos deben ser liberadas del espíritu de asesinato. Lamentablemente, la mayor parte de médicos afirman que esos fetos no tienen vida, y que por lo tanto nadie está muriendo. Pero la Escritura dice que Dios ya les ha dado aliento de vida, que ya son seres humanos que sienten el dolor, el rechazo, el amor y el odio. Por consiguiente, son seres humanos vivos, a los cuales se les quita el don de Dios, que es el aliento de vida. Algunas mujeres que han abortado un hijo en su juventud, cuando se casan y quieren formar su familia, encuentran que no pueden tener hijos; que han quedado estériles.

Tal vez no hay otro asunto entre las normas públicas que genere tanta información errónea, ni tantas verdades a medias, como el aborto. Los datos verdaderos se ignoran o se pasan por alto. Muchos datos sobre el aborto reciben poca atención en los debates públicos, porque revelan cosas que la nación prefiere no conocer.

Pero cuando esos datos se conocen y nos damos cuenta del alcance mundial de este asunto, es evidente que los que proponen el derecho a elegir el aborto, promueven que se elija algo que no es natural, ni para el individuo ni para la sociedad.

Aquí presentamos algunos datos o estadísticas que nos revelan la magnitud del aborto:

- Cada año hay 1,600,000 abortos en los EE.UU.[1]
- Más de 7% (122,000) se atribuye a peligros para la salud física o psicológica de la madre.
- En 1% de los casos ha habido violación o incesto.
- El 29% —aproximadamente 470,000 abortos— se practican alegando razones sociales, económicas o personales.

---

1. Rachel Benson Gold, Abortion and Women's Health, New York and Washington DC: The Alan Guttmacher Institute, 1990, p. 11.

▷ Tres de cada cuatro mujeres que abortan dicen que un hijo interferiría con su trabajo, sus estudios u otras responsabilidades.[2]

▷ El número de abortos en la nación es más de un tercio del número total de nacimientos[3]; cerca de la cuarta parte de todos los embarazos, terminan en abortos inducidos.[4]

▷ Estados Unidos sobrepasa a todas las naciones de Occidente en el número de abortos por cada 1,000 mujeres en edad de procrear.[5]

▷ Jóvenes adolescentes entre 11 y 19 son responsables del 26% de todos los abortos en el país. Las jóvenes de 18-19 años tienen un porcentaje más alto de abortos: 63 por cada 1,000.[6]

▷ Un 45% de las jóvenes menores de edad que practican abortos, lo hacen sin el consentimiento de sus padres.[7]

2.. Ibid., p.19.
3. El Centro para el Control de las Enfermedades de los EE.UU. reporta que el promedio de abortos, para el año 1987, fue de 356 por cada 1,000 nacimientos. Abortion Surveillance Summaries, junio 1990, p. 23, últimos datos disponibles.
4. Gold, p. 11, reporta un total de 6,355,000 embarazos y 1,600,000 abortos.
5. Christopher Tietze y Stanley K. Henshaw, Induced Abortion: A World Review, 6th ed. (New York: Alan Guttmacher Institute, 1986.
6. Stanley K. Henshaw y Jennifer Van Vort, Teenage Abortion, Birth and Pregnancy Statistics: An Update, Family Planning Perspectives, Vol. 20, No4, marzo/abril 1989, the Alan Guttmacher Institute, pp. 85, 86.
7. Alan Guttmacher Institute, Facts in Brief (1989).

¿Cuáles son las consecuencias que vienen sobre una persona que practica el aborto?

Un gran sentido de culpabilidad y remordimiento. En cierta ocasión, me encontré con una mujer que se había practicado más de 15 abortos. Cuando se le ministró y se oró por ella, estaba llena de culpabilidad y remordimiento por haber cometido estos asesinatos. Después de ministrarle liberación, fue libre de toda culpabilidad.

¿Cómo ser libre de las consecuencias de las prácticas del aborto?

▷ Arrepentirse delante de Dios y pedirle perdón por haber asesinado a una criatura en su vientre.

▷ Renunciar al espíritu de asesinato, culpabilidad, remordimiento y esterilidad.

▷ Pedir al Señor que sane nuestra alma y limpie nuestro cuerpo.

9. La práctica del sexo anal

Este es un acto sexual que va contra la naturaleza establecida por Dios. En ocasiones, es practicado para evitar el riesgo de embarazo.

Esta práctica puede llevar a una de las personas a practicar el homosexualismo. Algunas mujeres se sienten tan desagradadas que no pueden hablar de esto en una reunión o sesión de consejería o liberación. Las personas que practican o han practicado el sexo anal tienen gran necesidad de ser libres de espíritus de lascivia, homosexualismo, degradación, depravación, perversión, culpabilidad, vergüenza y baja autoestima.

10. Actividades sexuales con demonios

Esta práctica viene de la antigüedad. Veamos lo que dice la Escritura al respecto.

"'Había gigantes en la tierra en aquellos días, y también después que se llegaron los hijos de Dios a las hijas de los hombres, y les engendraron hijos. Éstos fueron los valientes que desde la antigüedad fueron varones de renombre". Génesis 6.4

A través de la historia se han conocido frecuentes casos de demonios que se acercan a una mujer o a un hombre y tienen relaciones sexuales.

Hay dos tipos de espíritus involucrados en esta clase de actividad:

- Espíritu *"íncubo"*: demonio con apariencia de varón que estimula y lleva a la mujer a tener placer sexual.

- Espíritu *"súcubo"*: demonio con apariencia femenina que estimula y lleva al hombre a la eyaculación.

En los últimos años, muchas personas han sido liberadas de esos espíritus. Dios nos ha dado la oportunidad de hacerlos libres con el poder de Jesús.

¿Qué hacer para ser libre de esos espíritus?

▷ Arrepiéntase delante de Dios por haber abierto puertas al enemigo.

▷ Renuncie con todo su corazón y repita esta oración: "yo renuncio a todo espíritu íncubo y súcubo y le ordeno que se vaya de mi vida, en el nombre de Jesús".

Algunos puntos importantes que debemos recordar:

- El adulterio y la fornicación se pueden cometer con los ojos, con el corazón, con la mente y con el cuerpo.

- La lujuria o la lascivia es llegar al punto de la indecencia y no tener freno alguno en el comportamiento.

- Las tres grandes causas de los pecados sexuales son las maldiciones generacionales, los abusos sexuales del pasado y la pornografía.

- La solución para prevenir los pecados sexuales es huir, y seguir huir.

- La masturbación es considerada un pecado ante los ojos de Dios.

- El adulterio y la fornicación tienen grandes consecuencias: corrompen el alma, traen vergüenza, producen heridas y muerte; y aquellos que lo practican no heredarán el Reino de Dios.

- La pornografía en videos y revistas lleva a las personas a la prostitución y a la depravación moral.

- Dios ama a la persona que practica la homosexualidad, pero odia el pecado que practica.

- Dios no creó a nadie homosexual, porque "varón y hembra los creó".

- Las maldiciones generacionales y el abuso sexual son algunas de las causas más grandes de la homosexualidad.

- Dios tiene el poder de hacer libre al homosexual.

- El aborto es un asesinato ante los ojos de Dios.

- La persona que practica el aborto, arrastra en su vida culpabilidad, rechazo y remordimiento.

- Para ser libre de estos pecados sexuales, haga una lista de cada uno de ellos y siga los pasos mencionados en el capítulo de la autoliberación para que usted sea libre.

Capítulo 7

Brujería, Hechicería, Ocultismo y Sectas

En la sociedad que vivimos, hay un sinnúmero de verdades que los hijos de Dios necesitamos conocer, para no caer en errores que puedan llevarnos a perder la salvación. El Señor, como conocedor de todas las cosas, sabía lo que iba a ocurrir; no en vano dice en su Palabra que su pueblo padece por falta de conocimiento. Es mi intención que este capítulo le dé una idea de lo que significan algunas prácticas, cultos y sectas, que de una forma muy sutil, engañan a las personas que están buscando la solución a sus problemas, tratando de llenar ese espacio vacío en sus corazones, que sólo Dios puede ocupar.

Acupuntura

La explicación científica moderna es, que al insertar las pequeñas agujas en los puntos de acupuntura o meridianos, se estimula el sistema nervioso para que descargue sustancias químicas en los músculos, médula espinal y cerebro. Estos químicos activarán la descarga de otros químicos y hormonas, los cuales influyen en el sistema regulador interno del cuerpo. Suena bien, ¿verdad?

Sin embargo, debemos preguntarnos, ¿qué hay detrás de esta práctica? La acupuntura es originaria de China donde se emplea desde hace más de 2,500 años, y su base es la hechicería china. Es asimilada por casi todos los países del mundo, especialmente por los más avanzados (EEUU, Rusia, Canadá, y las naciones europeas que fueron las que la introdujeron en Occidente). Pero, ¿sabía usted que al hacer esto, la persona entra en alianza con demonios que controlan el dolor? Para este proceso se usan agujas finas de acero inoxidable, esterilizadas y/o descartables, que son insertadas en puntos precisos de la superficie cutánea y mantenidas en su sitio, de 5 a 40 minutos, según el caso. La mayoría de los acupunturistass realizan rituales con las agujas antes de aplicarlas. La pregunta que surge es la siguiente: ¿Se sometería usted a un tratamiento de acupuntura sabiendo su verdadero origen o trasfondo?

Acupuntura es el proceso por el cual se logra controlar la energía del cuerpo, pero debemos entender que nuestra energía y todo nuestro ser deben estar bajo la dirección del Espíritu Santo de Dios, y que nuestra sanidad proviene solamente de Él. Recordemos que hay caminos que al hombre le parecen derechos; pero, su fin es camino de muerte (Proverbios 14.12).

Medicina alternativa

Se considera como el conjunto diverso de sistemas, prácticas, productos médicos y atención de la salud, para tratar diversas enfermedades que no se consideran parte de la medicina convencional. Para que sea considerada como tal, debe pasar por ciertas investigaciones importantes, que permitan establecer la seguridad del paciente y la eficacia de los tratamientos. En muchas ocasiones, toman como base la medicina tradicional China y su filosofía, la nueva era, espiritismo, visualización o lectura (adivinación) del iris del ojo, palmas de la mano, el aura, acupuntura, hipnosis, yoga, regresiones, aromaterapia, que sin saber, terminan involucrando al paciente en lo místico y lo oculto.

¿Cuál es la respuesta de Dios al respecto?

"⁴Ciertamente llevó Él nuestras enfermedades, y sufrió nuestros dolores; y nosotros le tuvimos por azotado, por herido de Dios y abatido. ⁵Mas Él herido fue por nuestras rebeliones, molido por nuestros pecados; el castigo de nuestra paz fue sobre Él, y por su llaga, fuimos nosotros curados". Isaías 53.4, 5

Adivinación

El hombre siempre ha tenido un gran deseo de saber el futuro y experimentar todo lo que es sobrenatural. La práctica de la adivinación ha engañado a muchas personas. El enemigo siempre ha querido copiar todo lo de Dios, y la profecía no iba a ser la excepción; pues la adivinación no es más que una copia de este don del Espíritu Santo. La adivinación es un intento humano de conocer y controlar el mundo y el futuro, dejando de lado al Dios verdadero. Pero, es grave ofensa preguntar a otro que no sea Dios sobre estas cosas, porque Él es el único que lo conoce e invita al hombre para que se haga lo que Él ya preparó.

"Así dice Jehová, el Santo de Israel, y su formador: preguntadme de las cosas por venir" (Isaías 45.11)

Todo intento de saber acerca de algo, por medio de cualquier vía que no sea la de Dios, es una práctica de adivinación. Cuando las personas creen que están comunicándose con familiares que han fallecido, están siendo engañadas; pues no son más que demonios aliados a la persona que se dedica a la adivinación, para hacerse pasar por ellos, acreditándoles información y poder.

¿Qué dice la Palabra de Dios al respecto?

"10No sea hallado en ti quien haga pasar a su hijo o a su hija por el fuego, ni quien practique adivinación, ni agorero, ni sortílego, ni hechicero, 11ni encantador, ni adivino, ni mago, ni quien consulte a los muertos. 12Porque es abominación para con Jehová cualquiera que hace estas cosas, y por estas abominaciones Jehová tu Dios echa estas naciones de delante de ti". Deuteronomio 18.10-12

Después de haber leído los versículos anteriores, muchos se preguntarán: ¿Qué diferencia habrá entre un adivino, un agorero, un sortílego, un hechicero, un encantador y un mago? Es difícil establecer una diferencia entre cada uno de ellos, pues la mayoría ejerce varias actividades al mismo tiempo; sin embargo, tratemos de establecer la diferencia:

Adivino: supuestamente predice el futuro o trata de interpretar sueños. En todo caso, esta práctica va acompañada de invocaciones a una deidad para que dé una respuesta.

Agorero: Ejerce una forma de adivinación que pretende determinar cuáles son los días de buena o mala suerte.

Sortílego: es la persona que pretende "leer la fortuna" o suerte de los demás, usando diferentes medios, tales como: cartas, copas, la mano, huevos, entre otros.

Hechicero: es aquel que hace ungüentos, fórmulas de alimentos, pócimas, recetas, etcétera, los cuales van acompañados de conjuros, que según ellos, sirven para lograr propósitos buenos o malos a favor de los interesados.

Encantador: Es la persona que ejercita actos de magia sobre algo o alguien, mediante conjuros o mediante la relación con una deidad. En la antigüedad, era el hombre experto en manejar serpientes, y esto era practicado en el antiguo Israel, Mesopotamia y Egipto, también, con los mismos fines.

Mago: Esta persona cree influenciar a los seres espirituales para bien o para mal, utilizando conjuros, encantamientos, ceremonias o palabras especiales. Esta práctica va mezclada con ciertos conocimientos de medicina, el poder curativo de las plantas o el estudio de los astros.

"⁹...a pesar de la multitud de tus hechizos y de tus muchos encantamientos... ¹⁰...tu misma ciencia te engañaron... ¹¹Vendrá, pues, sobre ti mal, cuyo nacimiento no sabrás; caerá sobre ti quebrantamiento, el cual no podrás remediar; y destrucción que no sepas vendrá de repente sobre ti. ¹²Estate ahora en tus encantamientos y en la multitud de tus hechizos... ¹³Te has fatigado en tus muchos consejos. Comparezcan ahora y te defiendan los contempladores de los cielos, los que observan las estrellas, los que cuentan los meses, para pronosticar lo que vendrá sobre ti. ¹⁴He aquí que serán como tamo; fuego los quemará, no salvarán sus vidas del poder de la llama; no quedará

brasa para calentarse, ni lumbre a la cual se sienten. ^{15}Así te serán aquellos con quienes te fatigaste, los que traficaron contigo desde tu juventud; cada uno irá por su camino, no habrá quien te salve". Isaías 47.9-15

Astrología

Esta es una rama de la adivinación conocida como un arte, aunque es condenada por la Biblia. La astrología consiste en determinar la influencia de los astros sobre el curso de los acontecimientos terrestres, el destino de los seres humanos y en hacer predicciones sobre el futuro. Los astrólogos le atribuyen poderes a los diferentes planetas, incluyendo el sol y la luna (que eran identificados como los dioses de Babilonia y Asiria). Las personas dedicadas a la astrología en su mayoría son espiritistas involucrados en el ocultismo.

"^{19}No sea que alces tus ojos al cielo, y viendo el sol y la luna y las estrellas, y todo el ejército del cielo, seas impulsado, y te inclines a ellos y les sirvas..." Deuteronomio 4.19

"^{5}Y quitó a los sacerdotes idólatras que habían puesto los reyes de Judá para que quemasen incienso en los lugares altos en las ciudades de Judá, y en los alrededores de Jerusalén; y asimismo a los que quemaban incienso a Baal, al sol, y a la luna, y a los signos zodiacales, y a todo el ejército de los cielos". 2 Reyes 23.5

Horóscopo

Predicciones del futuro acerca de personas, países y cosas, por medio de la posición relativa de los astros del sistema solar y de los signos zodiacales. Cada signo tiene un significado de suerte o desgracia en un momento dado. Al suponer la influencia que éstos tendrían sobre los hombres, se les llegó a considerar dioses. El horóscopo personal se determina por la combinación de la fecha y hora de nacimiento de la persona y la posición de las estrellas durante ese acontecimiento. Esto, a su vez, es usado por la astrología.

"²Así dijo Jehová: No aprendáis el camino de las naciones, ni de las señales del cielo tengáis temor, aunque las naciones las teman". Jeremías 10.2

"⁵Y quitó a los sacerdotes idólatras que habían puesto los reyes de Judá para que quemasen incienso en los lugares altos en las ciudades de Judá, y en los alrededores de Jerusalén; y asimismo a los que quemaban incienso a Baal, al sol y a la luna, y a los signos del zodíaco, y a todo el ejército de los cielos". 2 Reyes 23.5

Brujería

Esta forma de hechicería está relacionada con objetos a los que se atribuyen propiedades mágicas, con ocultismo, con satanismo y con magia. Es practicada por quienes han hecho pacto con espíritus malignos o con el mismo Satanás.

"¹²Asimismo destruiré de tu mano las hechicerías, y no se hallarán en ti agoreros. ¹³Y haré destruir tus esculturas y tus imágenes de en medio de ti, y nunca más te inclinarás a la obra de tus manos. ¹⁴Arrancaré tus imágenes de Asera de en medio de ti, y destruiré tus ciudades..." Miqueas 5.12-14

Hechicería

Es una forma de magia que, en un principio, tuvo que ver con la utilización de medicinas, fármacos, encantamiento y luego, envenenamiento. También, es conocida como una obra de la carne, debido a que muchas personas viven dependientes de pastillas para dormir, para controlar su carácter y para su funcionamiento en general; y por lo tanto, tienen su confianza en las drogas. Estas personas, además, son adictas y no pueden vivir sin ellas, convirtiéndose en esclavas del cigarrillo, las pastillas antidepresivos, la cocaína, heroína y marihuana; no se han atrevido a creer en el poder de Dios para su liberación. La utilización de drogas en la hechicería está acompañada, generalmente, de encantamientos e invocaciones a poderes ocultos con la utilización de diversos amuletos, con el fin de impresionar a la persona con los poderes del hechicero. La palabra "farmakia", de la cual proviene la palabra actual farmacia, significa estar controlado por un espíritu; como por ejemplo, el de manipulación y control (Jezabel), que se manifiesta cuando una persona se deja llevar por sus deseos personales, y permite ser influenciada por este espíritu al momento de orar, haciendo oraciones de manipulación y control hacia los demás.

¿Cuáles son las consecuencias de realizar estas prácticas?

"⁸Pero los cobardes e incrédulos, los abominables y homicidas, los fornicarios y hechiceros, los idólatras y todos los mentirosos tendrán su parte en el lago que arde con fuego y azufre, que es la muerte segunda". Apocalipsis 21.8

Magia

Conjunto de creencias y prácticas basadas en la idea de que existen poderes ocultos en la naturaleza y que se deben conciliar o conjurar para conseguir un beneficio. Esta práctica intenta alejar malos espíritus, conjurar la mala suerte o curar a la gente de algún hechizo o de algún espíritu malo (magia blanca). Por otro lado, provoca una desgracia conciliando espíritus malos y fuerzas sobrenaturales para que ejerzan sus poderes contra alguien a quien se intenta perjudicar (magia negra), logrando así una eficacia material. Muchas personas, en su ignorancia, han llegado a pensar que existe una magia buena y una magia mala, pero eso es una mentira que el enemigo ha querido colocar en sus mentes, pues no existe tal cosa, ya que todo tipo de magia está en contra de Dios, y por lo tanto, es mala. Yo le pregunto: si Dios está en contra de este tipo de prácticas, ¿será que Él se contradice y manda espíritus buenos o ángeles por medio de un mago a que lo ayuden? Claro que no. Dios honra su palabra y Él es el único que puede hacer algo verdaderamente bueno por usted. Él es el único que lo puede librar de cualquier maldición que haya en su vida o de cualquier influencia que haya adquirido al realizar cualquier tipo de magia.

"⁶Y pasó a su hijo por fuego, y se dio a observar los tiempos, y fue agorero, e instituyó encantadores y adivinos, multiplicando así el hacer lo malo ante los ojos de Jehová, para provocarlo a ira". 2 Reyes 21.6

Espiritismo

Ésta es una ciencia oculta que tiene como objetivo provocar las manifestaciones de seres inmateriales o espíritus, y entrar en comunicación con ellos por medios ocultos a través de personas en estado de trance hipnótico llamados médium.

El médium es un receptor de mensajes, la persona que recibe información directa de demonios o "guías asistentes". Quines practican el espiritismo afirman que el más allá es muy lejano y que ellos son nuestra guía, quienes nos cuidan y nos protegen. Esta práctica se ha diversificado en muchas otras, tales como: la quiromancia, cartomancia, astrología, vudú, camdomble, umbamda, macumba, entre otras. Todas éstas no son más que un intento de separar al hombre de su Creador.

"[19]Y si os dijeren: Preguntad a los encantadores y a los adivinos, que susurran hablando, responded: ¿No consultará el pueblo a su Dios? ¿Consultará a los muertos por su Dios? Isaías 8.19

"[10]No sea hallado en ti [11]...quien consulte a los muertos. [12]Porque es abominación para con Jehová cualquiera que hace estas cosas..." Deuteronomio 18.10-12

Ocultismo

Es una creencia basada en todo lo oculto y misterioso; abarca la adivinación, la brujería, el espiritismo, la magia y todo aquello que es oculto y que no tiene nada que ver con Dios; pues el ocultismo está totalmente prohibido por Él.

"[22]...porque no hay nada oculto que no haya de ser manifestado; ni escondido, que no haya de salir a luz". Marcos 4.22

La güija

Esta es una práctica espiritista que en la mayoría de los casos se toma como un juego. En las tiendas de juguetes más grandes la venden como pasatiempo, sin imaginar el daño que le puede ocasionar a una persona.

Fue descubierta por las hermanas Fox en 1800, quienes empezaron a golpear la mesa y recibieron ruidos como respuesta de los espíritus. Esta práctica fue muy conocida y practicada, lo que provocó que muchas personas se convirtieran en médiums al hacer más simple la invocación de espíritus. Después, se creó lo que hoy se conoce como una tabla en forma de triángulo, en la que aparece escrito el abecedario y los números. Estos elementos permiten crear mensajes en respuestas a preguntas hechas. El espíritu va a usar la persona más sensible a lo espiritual para comunicarse, y el resto de los participantes serán intercomunicadores. Al llevar a cabo este juego, se pone en peligro la vida de los integrantes, debido a que pueden ocurrir muchas cosas, tales como: que un espíritu burlón haga volar objetos y lastime a alguien, o que la persona quede expuesta espiritualmente a cualquier situación que le cause daño grave o incluso la muerte.

Satanismo

Culto dedicado a Satanás. Lamentablemente muchos jóvenes han caído en este tipo de culto, no solamente con el interés de buscar lo oculto, sino en búsqueda de su identidad, una identidad que sus padres no han podido brindarles. (¡Qué triste es que el enemigo se aproveche de la falta de identidad de una persona para lograr su cometido!) El satanismo tiene un alcance bastante grande, y en su mayoría, las drogas y las pandillas hacen parte de él. Sobra recalcar que este culto es totalmente incompatible con todo lo relacionado al evangelio. Es decir, no se puede estar con Dios y con Satanás al mismo tiempo.

"¹¹Acaso alguna fuente echa por una misma abertura agua dulce y amarga? ¹²Hermanos míos, ¿puede acaso la higuera producir aceitunas, o la vid higos? Así también ninguna fuente puede dar agua salada y dulce". Santiago 3.11, 12

Tarot

Es un conjunto de setenta y ocho cartas, más largas y con figuras diferentes a las cartas ordinarias, especialmente dedicadas a juegos de adivinación o cartomancia. Por lo general, esto es practicado por psíquicos, que se creen expertos en este juego, y adquieren jugosas ganancias a costa de personas desesperadas en busca de una respuesta y un camino para sus vidas. Alguien que se haya sometido a esto alguna vez en su vida, se preguntará: ¿por qué cuando fui, me dijeron algunas cosas de mi vida que me sucedieron? Primero, recordemos que el enemigo siempre ha querido imitar los dones del Espíritu Santo y lo hace por medio de espíritus "familiares", pues estas personas se alían a ellos para conseguir información. Y todo este tipo de información que sea conseguida por un medio diferente al de Dios, es abominación delante de sus ojos.

Telepatía

Transmisión extrasensorial de sensaciones y pensamientos (forma de control mental usada en la hipnosis) a gran distancia entre dos o más sujetos. Cuando esta habilidad está muy desarrollada en una persona, ésta tiene la capacidad de controlar la mente de otra a su conveniencia.

Las personas sólo deben estar dirigidas por el Espíritu Santo de Dios. Todo intento de manipulación y control, enciende la ira de Jehová.

Hipnotismo

Es un estado de trance al que es llevado un individuo bajo la guía de otro. Y, supuestamente, es usado para causar cambios en la persona en sus pensamientos, conducta, sensaciones y sentimientos. Esta práctica es muy peligrosa, ya que no sólo es una puerta que se le abre a influencias demoníacas en el momento en que su mente está bajo hipnosis, sino que además, puede llegar a un punto donde puede acceder a darle su alma al diablo y ni siquiera tener conciencia de ello. Durante este trance hipnótico, la persona no distingue lo real de lo ficticio, siendo ésta una de las diferencias del control mental, pues la persona que participa en éste último, lo hace de manera inconsciente.

"[12]Todas las cosas me son lícitas, mas no todas convienen; todas las cosas me son lícitas, mas yo no me dejaré dominar de ninguna". 1 Corintios 6.12

Control mental

Se refiere a un cambio de creencias, personalidad y actitud, y como mencionamos anteriormente, esto se hace sin el consentimiento de la persona, con métodos propios de esta práctica. En ocasiones, es usado para obtener información de índole personal, para ser usada en contra de la persona, sin que ella se dé por enterada de lo que está diciendo. Una vez que se logra el objetivo (cambio en la manera de pensar), se puede seguir ejerciendo influencia sobre el individuo, causando en él muchas cosas que antes no había experimentado, tales como: baja autoestima e inseguridad porque siente que tiene que depender y buscar la aprobación del controlador todo el tiempo; también, siente miedo a la soledad y al aislamiento, que no puede lograr tener éxito en la vida, y por esto, empieza a experimentar sentimientos de fracaso y mediocridad.

Levitación

Fenómeno que hace que un cuerpo se eleve del suelo y se mantenga en el aire sin ninguna clase de soporte natural; algunos elevan objetos y otros a personas. Los parasicólogos dicen que la levitación es posible sólo por medio del control mental; y los antiguos budistas y taoístas dicen que es con la meditación, la paz interior y la sincronización con la naturaleza. Dios es el creador del hombre y ha establecido leyes naturales como la gravitación para que podamos vivir aquí en la tierra. ¿Por qué querer tomar el papel de superhombre para hacer cosas que Dios no ha establecido?

Metafísica

La metafísica estudia todo lo que el hombre no puede percibir por sus cinco sentidos, independientemente de sus diversas manifestaciones o fenómenos. En realidad, es querer penetrar en el más allá o detrás de lo físico y saber las cosas trascendentales de Dios y el alma, sin tener en cuenta la fe ni a Dios mismo.

Parasicología

Es el estudio de los fenómenos paranormales, especialmente la percepción extrasensorial y la sicoquinesis. Es considerada como una rama de la psicología, pues atribuye los hechos psíquicos, donde no intervienen órganos sensoriales conocidos, a la actividad inconsciente de la persona. Se encuentra en actividades muy similares a las del ocultismo y las ciencias ocultas. Estas prácticas son prohibidas por Dios.

Nueva era

No tiene un principio definido, ya que tiene ideas de varias religiones que enseñan que el hombre se puede salvar por sus propios medios y que puede hacer todo lo que se proponga.

¿Qué dice la Palabra al respecto?

"⁸Porque por gracia sois salvos por medio de la fe; y esto no de vosotros, pues es don de Dios". Efesios 2.8

La Nueva Era exalta a la "diosa madre tierra" fecundada por el Sol. Practican la meditación, la concentración, el relajamiento, las fantasías, técnicas de regresiones mentales, control mental, autocontrol, espíritus guías y la parapsicología. Quienes la practican, le hacen creer a los niños que son perfectos y que no necesitan de Jesús.

Proyección astral

Conocida también como viajes astrales o viaje del alma, bilocación y desdoblamiento. Consiste en proyectar el alma a otro lugar, pero según las personas que la practican, dicen que es la separación parcial o total del alma y el cuerpo, y que es necesario que ocurra un desdoblamiento para que el alma se pueda desplazar fuera de los límites del cuerpo físico, quedando unido al cuerpo por un "cordón de plata", que si se rompe, la persona muere. Esta práctica ocultista es realizada con diversos fines, tales como: recargarse de energía, desplazarse a otros lugares, comunicarse con otros seres (muertos), reforzar las facultades extrasensoriales, espiar, y en casos más avanzados, espiar usando una vista astral o tercer ojo. También es usada por los satanistas para destruir a las iglesias.

Santería

Es el resultado de la mezcla entre las religiones africanas y la cultura católica de los españoles en el momento que los esclavos africanos fueron llevados a Cuba. Ellos dicen tener un sólo dios llamado Olofi, pero éste se encuentra muy lejos y no tiene intereses personales en el ser humano. Por esto tienen que recurrir a intermediarios llamados orichas, que son los "mediadores" entre este dios y los hombres. En sí, es una religión de adivinación y magia, la cual tiene alrededor de cuatrocientas deidades, entre las cuales se encuentran las siguientes: Ochún (Virgen de la Caridad) color amarillo - dueña del amor, el matrimonio, patrona de Cuba; Obatalá (Virgen de las Mercedes, El Niño Negro) color negro - patrón de la paz y la pureza; Changó (Santa Bárbara) color rojo - patrón de la virilidad, el fuego, el relámpago y el trueno; Babalú Aye: San Lázaro, color morado; Eleguá (Niño de Atoche, San Antonio) guardián de las puertas, incluso la de los muertos, mensajero de Olofi y del resto de los santos, usado para la adivinación; Oyá (Santa Teresa, Virgen de la Candelaria) Reina de los muertos y patrona de los cementerios.

Su fin es adorar a todos estos orichas con todo lo que esto implica (cultos, ritos, sacrificios de animales, ofrendas, toma de brebajes, veneración a los muertos, etcétera), con el fin de recibir protección, solucionar situaciones de la vida cotidiana, obtener poderes, dedicar personas a ellos y, en última instancia, lucrarse con los trabajos realizados, la compra y la venta de imágenes, etcétera.

¿Qué dice la Biblia con respecto a esto?

"⁵Porque hay un sólo Dios, y un sólo mediador entre Dios y los hombres, Jesucristo hombre, ⁶el cual se dio a sí mismo en rescate por todos, de lo cual se dio testimonio a su debido tiempo". 1 Timoteo 2.5, 6

Reencarnación

Cree en la encarnación del alma en otro cuerpo después que ésta se separó del cuerpo original, debido a la muerte del mismo. Esta doctrina está basada en que la vida y el tiempo son ciclos que implican un proceso de purificación del alma a través de la transformación.

¿Pero, qué dice Dios al respecto?

"²⁷Y de la manera que está establecido para los hombres que mueran una sola vez, y después de esto el juicio". Hebreos 9.27

Muchas personas toman esto muy livianamente; pero todos debemos saber acerca del juicio que hay después de la muerte. Entender esto nos permite vivir en el temor reverente de Dios y concientizarnos de la importancia de interceder por los perdidos. Muchas personas viven engañadas pensando que, después de la muerte, todavía tienen una oportunidad de salvación en la reencarnación.

Budismo

Religión fundada por Buda. Pretende ser una respuesta al dolor y al sufrimiento que presenta la vida diaria; y lo hace buscando salir del ciclo de nacimiento y muerte para alcanzar el nirvana (estado de no sufrimiento), que es librarse de la causa del sufrimiento. El sufrimiento puede ser destruido o aniquilado si se elimina el control ejercido por los deseos. Su meta es llevar al hombre a extinguirse a sí mismo como único medio de liberación del sufrimiento.

Mientras estas personas dedican su vida a buscar librarse del sufrimiento de la vida, Dios nos deja saber que:

- Él siempre estará con nosotros, aun en tiempos difíciles:

    "²Cuando pases por las aguas, yo estaré contigo; y si por los ríos, no te anegarán. Cuando pases por el fuego, no te quemarás, ni la llama arderá en ti". Isaías 43.2

- Debemos confiar en Él:

"⁶Por nada estéis afanosos, sino sean conocidas vuestras peticiones delante de Dios en toda oración y ruego, con acción de gracias". Filipenses 4.6

- Él nos da la paz:

"³Tú guardarás en completa paz a aquel cuyo pensamiento en ti persevera; porque en ti ha confiado". Isaías 26.3

Islamismo

La palabra árabe Islam significa "sumisión a Dios". Es un conjunto de dogmas y preceptos que constituyen la religión de Mahoma. El devoto tiene cuatro obligaciones: la oración, el ayuno durante el mes lunar de Ramadán, la repartición de las limosnas y una peregrinación a la ciudad santa de la Meca, si es posible. El Islamismo no acepta la trinidad, pues cree en el Espíritu Santo como una fuerza que emana de Dios y ve a Jesucristo como un profeta que vino después de Juan el Bautista, y que Mahoma fue el último profeta. Cree que Alá es el mismo Dios de Abraham, quien terminó su revelación en Mahoma. Por otro lado, la mujer ocupa un lugar inferior. Los muertos en guerra santa (guerra para expandir el Islam), según ellos, tienen la entrada al cielo garantizada. El infierno del Islamismo sólo es aceite hirviendo y fuego para los que no siguieron los preceptos de Alá. Los musulmanes rezan cinco veces al día, y su fin es glorificar a Alá. Ellos dicen que el hombre tiene un destino ya establecido, y por esto, cada vez que acontece algo el árabe dice: "escrito está", y si sucede algo fuera de lo normal, es culpa del hombre. El Islam desconoce el pecado original.

En cuanto a Mahoma, no cabe duda que fue un falso profeta que tuvo gran influencia sobre naciones enteras, y que hasta nuestros días, no hemos terminado de ver las consecuencias.

"²⁴...porque se levantarán falsos Cristos, y falsos profetas, y harán grandes señales y prodigios, de tal manera que engañarán, si fuere posible, aun a los escogido". Mateo 24.24

Hinduismo

Es una religión popular de la India, Ceilán y Birmania, la cual está llena de ceremonias y rituales. El Hinduismo es más una expresión social que propiamente una manifestación religiosa, debido a la relación que existe entre esta religión con todos los aspectos de la vida (hasta los más insignificantes). Es politeísta, tiene dioses, tales como: Brama (el creador de todas las cosas), Vishnú (conservador del universo) y Siva (consolador). La diosa Kali es también muy popular. Brama, Vishnú y Siva conforman la trinidad máxima del Hinduismo. Dicen que el hombre es como cualquier otra criatura, y que la reencarnación es la esperanza para llegar a una casta más avanzada, y que por medio del Karma, va obteniendo méritos espirituales junto a las divinidades. El destino del hombre no depende de ninguno de sus dioses sino del esfuerzo de cada uno.

"¹¹Este Jesús es la piedra reprobada por vosotros los edificadores, la cual ha venido a ser cabeza del ángulo. ¹²Y en ningún

otro hay salvación; porque no hay otro nombre bajo el cielo, dado a los hombres, en que podamos ser salvos".
Hechos 4.11, 12

En sí, todo este tipo de herejías que están en contra de la fe en Dios, son casi las mismas en diversas sectas, pero están presentadas en diferentes formas.

Yoga

Es una disciplina espiritual y corporal que tiene como fin liberar el espíritu de las tensiones del cuerpo por el dominio de su movimiento, de su ritmo y de la respiración. Existen dos tipos de yoga: el hatha-yoga que sirve para adquirir poderes mágicos, y el raja-yoga dedicado a la perfección espiritual. El yoga practicado en occidente es una evolución del yoga hindú, y se practica con el fin de "mejorar el cuerpo y la mente".

El Hare Krishna

Es una de las muchas sectas orientales que ha llegado a América Latina; y es la única secta hindú que es monoteísta. Tiene gran influencia en los jóvenes, quienes lo dejan todo para ayudar a propagar esta creencia: el esclarecimiento espiritual y el amor de Dios (Krishna). Esto incluye ir a vivir bajo el mismo techo de los maestros y demás integrantes; llevan una vida comunitaria. Su Dios es Krishna, quien en realidad nunca existió, sino que es el personaje de una novela hindú llamada "Mahabarata", que aparece en el Capítulo 18, llamado "Gita". Cada vez que entonan el mantra, (Hare Krishna... Hare Rama...), dicen que reciben poder y aceptación de su dios. Dicen que todos los seres están sujetos a la ley del karma. Creen que Jesús, Buda y Mahoma fueron solamente reformadores religiosos. Creen en la existencia de vida en otros planetas, en que el alma es inmortal, y que el cuerpo es considerado como una condición de enfermedad. Estas personas viven prácticamente esclavizadas. Por ejemplo, duermen en el piso; pueden tener sexo con su cónyuge solamente una vez al mes, y después de haber cantado el mantra durante cinco horas; comen poco; no pueden jugar, incluyendo practicar algún deporte; ni pueden conversar nada que sea diferente a este movimiento. Aunque evitan muchas cosas, como las drogas, el sexo ilícito, el tabaco, el café, y su comida es vegetariana, no deja de ser algo contrario a Dios y totalmente peligroso, especialmente para la juventud. Anualmente se publican más de quince millones de volúmenes con literatura relacionada a esta secta, en más de treinta idiomas diferentes.

Rosacruces

Sociedad religiosa de corte masónico. La rosa representa el cuerpo humano, y la cruz el triunfo obtenido a través de la sangre apasionada de los hombres. Definen a Dios como energía. A los iniciados, se les exige que pongan un altar con dioses egipcios en sus hogares, a los cuales les ofrendan incienso y velas. Instruyen a sus miembros a que se pongan en contacto con los espíritus de los maestros ya fallecidos, y de esta manera, el iniciado se convierte en un médium. Enseñan un sistema de filosofía física y metafísica para que un individuo pueda tener una vida más útil y "feliz". Los miembros practican proyección astral para desarrollar intuición interior y tener poder de influencia mental. Una vez más, nos encontramos con adoración de imágenes, espiritismo, metafísica, proyección mental, control mental, entre otros. Aunque en muchas ocasiones se niegue la asociación del nombre como tal a estas prácticas, la realidad es que todo esto se realiza.

Masonería

La masonería es una sociedad secreta que surgió con el fin de ayudar a los albañiles. Debido a sus múltiples divisiones es muy difícil establecer un patrón masónico. Ellos se agrupan en logias (lugares de asamblea), y pese a que alegan no ser una religión, tienen muchas características de una. A Dios lo llaman el "gran arquitecto del universo". Intentan alcanzar un patrón moral más alto que el de los demás, para lo cual han establecido grados, en cada uno de los cuales se enseña una moral diferente. Para cada grado hay un juramento específico, así no se sepa por lo que se está jurando (juran por cosas que todavía no conocen). "O si alguno jurare a la ligera con sus labios hacer mal o hacer bien, en cualquiera cosa que el hombre profiere con juramento, y él no lo entendiere; si después lo entiende, será culpable por cualquiera de estas cosas". Asimismo, prohíben la entrada a las mujeres, aunque últimamente existe la masonería femenina. Los secretos de la masonería se encuentran contenidos en símbolos, alegorías, ritos, ceremonias, señales de identificación, doctrinas filosóficas, dogmas religiosos y misterios del judaísmo y del paganismo egipcio y babilónico. Creen que por medio de obras se gana la salvación, porque según ellos, el hombre no es pecador sino sólo imperfecto.

"⁸Porque por gracia sois salvos por medio de la fe; y esto no de vosotros, pues es don de Dios". Efesios 2.8.

Uno de los textos clásicos de la masonería fue escrito por Albert Pike (miembro activo del Ku Klux Klan), quien se declaró abiertamente ocultista. Esta secta no cree en la Trinidad. Asegura que Jesús estuvo con unos monjes en el Tibet y era conocido allí como el profeta Issa; después Él salió a enseñar lo que aprendió de ellos.

Chakras

Se refiere a los principales centros de energía alineados a lo largo del cuerpo astral del hombre, ubicados en el centro de la médula espinal y en los plexos nerviosos del cuerpo humano. Según el pensamiento oriental, en esos centros neurológicos se acumula la energía del universo y la mediación entre el plano inmaterial y el cuerpo físico. Estos puntos fueron descubiertos en la India y han sido utilizados por brujos y magos para suministrar equilibrio, así como para generar y proyectar poder. Esos centros principales de energía pueden desarrollarse por medio de la voluntad y diferentes "mantras" (repetición rápida de una serie de palabras o nombres de dioses del panteón hindú).

Dios prohíbe todas estas prácticas y las condena. También castiga a aquellos que se involucran en ellas.

Testimonio: Había estado en una religión ocultista llamada "la iglesia gnóstica", desde el año 80 hasta el 93. Su creencia ha sido una mezcla de las religiones budistas, rosacruces y muchas otras. Yo tenía un grupo de personas a mi cargo, con las cuales oficiaba ceremonias a puerta cerrada. Luego, conocí unas personas que me predicaron otras cosas, y me retiré de esa iglesia, pero al hacerlo comenzó en mi vida una maldición muy grande de pobreza, enfermedad y depresión. Mi vida se volvió un desastre, mi matrimonio llegó al borde del fracaso, mi esposo llegó a atentar contra mi vida, contra la vida de mis hijos y contra su propia vida.

Hace dos meses conocí al Señor, gracias a que una hermana que asiste a la iglesia hace tres años, hizo un pacto para que el Señor me rescatara. En ese tiempo yo era testigo de Jehová y no me permitían ir a otra iglesia. Sin embargo, cuando me invitaron a la iglesia cristiana fui por educación. Cuando entré por primera vez, tuve una lucha interna, y le pedí a Dios que me revelara si estaba en el sitio correcto. Al salir vi el anuncio del retiro de nuevos creyentes —y aunque yo pensaba que no era una creyente nueva, pues viví engañada grandemente—, fui al retiro. Además leí el libro de Sanidad Interior y Liberación, el cual me traspasó el corazón como una espada, y me di cuenta de la cantidad de cosas de las que yo tenía que ser libre. Durante el retiro hicieron un llamado a todas las personas que habían estado en religiones ocultistas, y yo pasé al frente. Al instante que renuncié a esas prácticas, todo me empezó a dar vueltas, me entró una desesperación, quería salir corriendo y empecé a dar brincos. Varias personas se acercaron y oraron por mí y fui libre. Entonces oí al Señor que me dijo: "tú estabas equivocada". Yo estaba comiendo las migajas que caen de la mesa, pero ahora estoy comiendo como una hija.

Testimonio: Mi problema era el ocultismo. Tengo un hermano que nació con una lesión encefálica, y eso provocó que mi mamá se ocupara más de él y que yo fuera quedando relegada. Caí en ocultismo cuando mi tía me empezó a tirar las cartas del tarot en la casa. Me enseñó las cartas españolas y me llevó a las reuniones espiritistas para invocar espíritus muertos. Un día toqué fondo y tres veces intenté suicidarme. Tomé veneno y combustible para matarme. Tomé pastillas formuladas por médicos, debido a que ellos miraban mi caso como una deficiencia mental. Me tomé todas las pastillas, hasta que perdí el conocimiento, y me llevaron al hospital en medio de una crisis. Estuve 11 días paralítica debido al espiritismo, al ocultismo, al lumbanda (culto afrobrasilero que se mueve mucho en Argentina). Me arrastraba como una víbora, tenía la mente completamente confundida, y ya no era consciente de lo que hacía. Hasta que fui a la iglesia donde tuve una conversión instantánea. El Señor me liberó. Desde que recibí al Señor, su paz entró en mi vida. ¡La que era la oveja negra, es ahora la pastora de la familia!

Testimonio: Salí de las pandillas, las drogas, los tiroteos, el rechazo y todo lo que eso conlleva. Todo comenzó por la falta de mi padre. Él se fue cuando yo tenía seis años de edad, y eso causó un sentimiento de rechazo terrible en mi vida. Mientras vivía con nosotros, mi padre era mujeriego y trataba mal a mi mamá. Ella estaba muy mal, y para quitarse la depresión, empezó a buscar a los santeros. Yo estuve en drogas, y además, buscaba amor y aceptación en las padillas. Recuerdo que una vez que estaba vendiendo marihuana, como a la 1:00 am, fue el día que confronté la muerte más de cerca, debido a un tiroteo con la policía. Por otro lado, yo tenía un amigo que me volvía loco hablándome de Cristo; y aunque yo no quería ni verlo, todo lo que él me decía, había quedado en mi mente; y un día que me quería quitar la vida, me arrodillé y dije: "Señor, si existes y es verdad que Cristo vive, y es verdad que Cristo me ama, como me dice este muchacho, te entrego mi vida". Yo nunca había llorado, debido a que todo el dolor que mi padre me causó, había endurecido mi corazón. ¡Dios obró en mi vida! Ahora soy libre y le sirvo al Señor con todo mi corazón. Él me limpió y me dio el amor que yo necesitaba.

Testimonio: Mi papá y mi abuelo eran borrachos, y yo seguí sus pasos por 21 años. Cuando llegué a los Estados Unidos, probé la cocaína. Estuve asistiendo a la iglesia durante un mes, estaba indeciso en cuanto a aceptar a Cristo; pero un día sentí que necesitaba de Dios y acepté al Señor. Después de esto, estando en mi trabajo, me encerré en el baño y clamé al Señor diciendo: "Sólo Tú me puedes quitar este vicio". Ese día renuncié al espíritu de drogadicción, cogí la bolsa de droga que tenía en la cocina y la boté en el "toilet". Hoy me siento limpio, y quiero decirles a todos aquellos que están atados al alcoholismo y a la drogadicción, y que creen que su problema no tiene solución, que si buscan al Señor, también pueden ser libres.

Testimonio: Vengo de un trasfondo de siete generaciones de santería, brujería, ocultismo y todo lo que esos ritos incluyen. Hace como un año, me estaba sintiendo muy inquieta. Yo era católica y cuando entraba a la iglesia, sentía una tristeza muy grande. Después de seis meses de búsqueda, al fin tenía hambre de algo. Entonces una muchacha dueña de un restaurante me invitó a una célula familiar, y me puso en oración. Asistí a esa célula, hice la oración del pecador, y ahora lo que quiero es aprender la Palabra de Dios. Hoy boté todos los santos, todas esas "porquerías". Sin embargo, cuando fui a botar todo eso, la policía me preguntó qué era lo que estaba botando y yo le dije: "tengo siete generaciones de santera, ayer me bauticé en Cristo, recibí el Espíritu Santo y ahora quiero botar todo esto de mi casa". El policía se metió en el carro y cuando salió me preguntó el nombre de la iglesia a la cual asistía, y le contesté, el Ministerio Internacional El Rey Jesús; entonces me dijeron que tenía que contar lo mismo en la corte. Llamé a mi amiga y ella me dijo que me cubriera con la sangre de Cristo. Por primera vez me siento libre, mi mente está clara, al igual que mi alma y mi corazón. ¡Gloria a Dios!

Capítulo 8

La Baja Autoestima

Uno de los grandes problemas de la sociedad de hoy es la falta de identidad. Hay un sinnúmero de personas buscando desesperadamente saber quiénes son, y la razón de su existencia en este mundo. En esta búsqueda, tratan de imitar a otros porque sienten que no tienen valor en sí mismos, que no sirven para nada, y que no pueden lograr lo que anhelan. Se sienten feos físicamente, tienen muchos complejos de personalidad, sienten que no tienen ningún propósito o destino, y todo, debido a que tienen una baja autoestima.

¿Qué es la baja autoestima?

Es tener un concepto, una opinión, una mentalidad o percepción muy baja de uno mismo. Es pensar menos de lo que Dios ve en nosotros. Es una visión distorsionada de lo que somos, tenemos y podemos.

"*³Digo, pues, por la gracia que me es dada, a cada cual que está entre vosotros, que no tenga más alto concepto de sí que el que debe tener, sino que piense de sí con cordura,*

conforme a la medida de fe que Dios repartió a cada uno".
Romanos 12.3

Tener una autoestima saludable es equivalente a ser una persona humilde.

¿Qué es humildad?

La palabra humilde viene del vocablo griego "humus", que significa tierra. De allí proviene también la palabra humano, "thies", que significa "algo terrenal". Nosotros somos seres humanos creados por Dios.

La definición correcta de humildad es estar consciente de la esencia verdadera de quiénes somos. Es reconocer, sin exagerar ni tampoco degradar, lo que somos como personas y lo que somos en Dios. Por tanto, la humildad no consiste en degradarse o reducirse uno mismo en la estima de otro, sino en estar consciente de nuestro verdadero valor como individuos y de nuestro valor en Dios.

Hay dos extremos en la autoestima de las personas, veamos cuáles son:

- La baja autoestima, que tiene que ver con creer que no servimos y que somos demasiado débiles o incapaces para llevar a cabo ciertas tareas o proyectos.

- La alta autoestima, que es cuando una persona se considera mejor o superior a los demás.

Estos dos extremos pueden llegar a ser muy destructivos.

La Palabra nos manda a que cada uno piense de sí con cordura, y que tenga una opinión de sí como la que Dios tiene. Cuando logremos esto, vamos a actuar como realmente somos y no trataremos más de ser imitación o copia de otros. El enemigo tratará de usar los extremos de la autoestima para destruirnos, y para que no lleguemos a cumplir el propósito y el llamado de Dios. La autoestima correcta tiene que estar alineada con nuestro llamado y propósito en Dios, de lo contrario, podemos abortar Su plan para nuestra vida.

"²⁷Y les contaron, diciendo: Nosotros llegamos a la tierra a la cual nos enviaste, la que ciertamente fluye leche y miel; y éste es el fruto de ella. ²⁸Mas el pueblo que habita aquella tierra es fuerte, y las ciudades muy grandes y fortificadas; y también vimos allí a los hijos de Anac. ²⁹Amalec habita el Neguev, y el heteo, el jebuseo y el amorreo habitan en el monte, y el cananeo habita junto al mar, y a la ribera del Jordán. ³⁰Entonces Caleb hizo callar al pueblo delante de Moisés, y dijo: Subamos luego, y tomemos posesión de ella; porque más podremos nosotros que ellos". Números 13.27-30

En Josué y Caleb había un espíritu diferente.

"²⁴Pero a mi siervo Caleb, por cuanto hubo en él otro espíritu, y decidió ir en pos de mí, yo le meteré en la tierra donde entró, y su descendencia la tendrá en posesión". Números 14.24

Ilustración: Moisés fue un hombre que le dio muchas excusas a Dios para no hacer Su voluntad; y cada una de ellas, revelaba la baja autoestima que había en él. Veamos algunas de estas excusas.

- Excusa de inhabilidad física

    "¹⁰Entonces dijo Moisés a Jehová: ¡Ay, Señor! nunca he sido hombre de fácil palabra, ni antes, ni desde que tú hablas a tu siervo; porque soy tardo en el habla y torpe de lengua". Éxodo 4.10

- Excusa de falta de valor: "no soy nadie".

    "¹¹Entonces Moisés respondió a Dios: ¿Quién soy yo para que vaya a Faraón, y saque de Egipto a los hijos de Israel?..." Éxodo 3.11

- Excusa de comparación negativa con otros: "cualquiera es mejor que yo".

    "¹³Y él dijo: ¡Ay, Señor! envía, te ruego, por medio del que debes enviar". Éxodo 4.13

- Excusa de incredulidad

    "¹Entonces Moisés respondió diciendo: He aquí que ellos no me creerán, ni oirán mi voz; porque dirán: No te ha aparecido Jehová". Éxodo 4.1

Al leer los versículos anteriores, podemos observar claramente que Moisés tenía muy baja autoestima, y que por causa de ella, casi aborta el plan de Dios para su vida. Debemos entender que Dios creó al hombre con un potencial. Lamentablemente, miles de personas alrededor del mundo se han ido a la tumba sin desarrollar ese potencial, todo por causa de la baja autoestima, que nunca los dejó llegar a ser lo que Dios había planificado para ellos.

¿Por qué las personas piensan menos de sí mismas?

Una de las causas más importantes de esto es nuestra formación en la iniquidad.

"⁵He aquí, en maldad he sido formado, y en pecado me concibió mi madre". Salmos 51.5

Cada uno de nosotros nació en iniquidad y paulatinamente, en el transcurso del crecimiento, ha sido formado en ella. Durante el proceso de desarrollo del individuo ocurren muchas cosas desagradables, que poco a poco, van deformando su temperamento y personalidad. Por ejemplo: traumas, abusos, rechazos, maltratos verbales y físicos, palabras de maldición que fueron dichas sobre él. Todos estos factores provocan la formación de fortalezas mentales, emocionales y espirituales, que son las causantes de la destrucción de nuestra autoestima. Es por esta razón que hoy en día muchos consideran que no sirven y que no tienen valor alguno.

Hay muchas personas a las cuales Dios les dio una personalidad o temperamento alegre. Pero, a medida que atraviesan por situaciones negativas, como las mencionadas anteriormente, su personalidad va cambiando. Y como resultado, ahora son individuos amargados, que no sonríen, pues la formación de la iniquidad en sus vidas destruyó su personalidad y su autoestima.

¿Qué hacer para recuperar y mantener una autoestima saludable?

1. **Tenemos que poner en orden nuestro conflicto con el cielo, con Dios.**

Hasta que no pongamos en orden nuestro conflicto con el cielo, no podremos tener una autoestima saludable, de acuerdo a lo que Dios piensa de nosotros.

¿Cuál es el conflicto? Mírese al espejo, ¡es usted mismo! el que se ve de esa manera. Alguien puede decir: "es el pastor, es mi familia, es el diablo". Pero ésas son excusas, pues nosotros mismos somos nuestro propio enemigo, porque no reconocemos quiénes somos en realidad.

Sólo cuando podamos vernos como Dios nos ve y aceptar a la persona que vemos, estaremos reconciliados con el cielo; de otra manera, este conflicto no terminará. Recuerde que Dios fue el que nos hizo; y por esto, debemos aceptarnos a nosotros mismos tal como somos. Hasta que no estemos conscientes de eso, estaremos en conflicto con Él.

"³Él nos hizo, y no nosotros a nosotros mismos..."
Salmos 100.3

2. **Tenemos que aceptarnos físicamente.**

Antes de conocer al Señor, culpábamos a nuestros padres por lo que éramos o por cómo éramos, pero al conocer a Jesús, descubrimos que Él fue el que nos creó. El profeta Jeremías afirma lo siguiente:

"⁵...Antes que te formase en el vientre te conocí..."
Jeremías 1.5

Si tenemos la convicción de que Dios nos creó y que somos hechura de su mano, pero no nos gusta lo que somos, entonces tendríamos que decir que, "Él estaba enojado cuando nos hizo". Sin embargo, debemos tener presente, que fue todo lo contrario, que fuimos hechos a su imagen y semejanza. Necesitamos aceptar que, en todas las áreas, tanto físicas como espirituales, tenemos limitaciones, y que Dios también usa esas limitaciones para cumplir su propósito en nosotros.

Ilustración: Éste es el caso de un joven que siempre había querido ser parte del equipo de baloncesto, pero nunca había sido tomado en cuenta porque no tenía la estatura requerida. Su deseo siempre había sido ser alto, pero no había resultado así. Sin embargo, un día se encontró con otro compañero de la escuela, quien pertenecía al equipo de baloncesto sólo porque tenía la estatura óptima para jugar. Finalmente el joven bajo de estatura fue aceptado en el equipo, juntamente con su amigo que era bastante alto. Cada vez que jugaba, a pesar de su limitación, era veloz para escabullirse entre los altos y nunca fallaba una canasta debido a su habilidad para manejar el balón; él se llevaba todos los aplausos. Sin embargo, su amigo que era alto de estatura, no era tan bueno como él en el juego. Esto nos da un ejemplo de cómo Dios usa nuestras limitaciones físicas para cumplir y hacer cosas grandes.

Dios tuvo un propósito específico al momento de diseñarnos de la forma en que lo hizo, aun con las limitaciones físicas. Necesitamos aceptar ese hecho, y de esa manera poner en orden nuestro conflicto con Dios. Necesitamos aceptar que tenemos características que se pueden cambiar, y es en ellas que debemos trabajar; y otras que son incambiables, por lo tanto, debemos aceptarlas. Dios nos creó tal y como somos, así es que asumamos ese hecho y aceptémonos físicamente.

"¹³Porque tú formaste mis entrañas; tú me hiciste en el vientre de mi madre. ¹⁴Te alabaré; porque formidables, maravillosas son tus obras; estoy maravillado, y mi alma lo sabe muy bien". Salmos 139.13, 14

Nosotros somos el barro, Él es el Alfarero.

"⁸Tus manos me hicieron y me formaron; ¿Y luego te vuelves y me deshaces? ⁹Acuérdate que como a barro me diste forma; ¿Y en polvo me has de volver?" Job 10.8, 9

Dios fue quien nos formó en el vientre de nuestra madre, por lo tanto debemos aceptar el hecho de que somos hermanos.

"²Así dice Jehová, Hacedor tuyo, y el que te formó desde el vientre, el cual te ayudará: No temas, siervo mío Jacob, y tú, Jesurún, a quien yo escogí". Isaías 44.2

Como lo mencionamos anteriormente, hay ciertas características que no se pueden cambiar y que, por lo tanto, tenemos que aceptar.

3. Nuestros padres

Nosotros no escogimos quiénes iban a ser nuestros padres, sin embargo, debemos aceptarlos tal y como son, aunque a lo mejor no sean los mejores. Debemos aprender a aceptarlos y a amarlos como dice la Palabra, aun si han sido padres adoptivos.

"¹Hijos, obedeced en el Señor a vuestros padres, porque esto es justo. ²Honra a tu padre y a tu madre, que es el primer mandamiento con promesa..." Efesios 6.1, 2

4. Nuestro pasado

El pasado es algo que no se puede cambiar, precisamente porque ya pasó; sea malo o sea bueno, debemos aceptarlo. Lo único que sí podemos hacer, es entresacar lo bueno de lo malo que nos ha sucedido, pues no podemos continuar añorando o llorando, y lamentándonos por el pasado.

5. No podemos cambiar nuestro trasfondo racial.

No importa si somos blancos, negros, amarillos, hispanos o árabes, no podemos cambiar esa realidad. Tenemos que estar orgullosos de nuestra raza y nacionalidad.

"²⁸Ya no hay judío ni griego; no hay esclavo ni libre; no hay varón ni mujer; porque todos vosotros sois uno en Cristo Jesús. ²⁹Y si vosotros sois de Cristo, ciertamente linaje de Abraham sois, y herederos según la promesa". Gálatas 3.28, 29

6. No podemos cambiar nuestro sexo.

Dios creó dos sexos: femenino y masculino. Esto fue para que cumplieran diferentes funciones en la tierra. Sin embargo, muchos no están contentos con el sexo que

Dios les asignó y optan por hacerse cambios físicos, pensando que se van a sentir realizados. Lamentablemente no es así, debido a que esto va en contra de la naturaleza divina. Por más que cambien su apariencia externa, internamente siguen siendo lo que Dios creó: un hombre o una mujer. Tanto el hombre como la mujer son especiales y tienen características únicas que les sirven para complementarse mutuamente. Por lo tanto, todos debemos estar felices con nuestro sexo.

Hay una gran crisis de identidad en los jóvenes y adultos de la actualidad; y esa falta de identidad se debe a la carencia de padres que afirmen a sus hijos en su identidad de acuerdo a su sexo.

7. **No podemos cambiar nuestra apariencia física.**

Cuando hablo de la apariencia física, me refiero a las partes del cuerpo como son: los ojos, la nariz, el cabello, las orejas, la estatura. Hay personas con grandes complejos porque no tienen el cabello que desean, el color de los ojos, o la nariz que quieren. Mientras unos desean tener el cabello rizado, otros lo quieren tener liso; y quienes lo tienen liso, lo quieren tener rizado. En fin, nadie está contento con su apariencia física, y esto es un gran impedimento para progresar en la vida.

Aunque hoy en día se pueden hacer cirugías en cualquier parte del cuerpo, para alterarlo, aceptémonos tal como somos físicamente, y estaremos de acuerdo con Dios.

"²⁵¿Y quién de vosotros podrá con afanarse añadir a su estatura un codo?" Lucas 12.25

8. No podemos cambiar nuestras habilidades mentales.

Todas nuestras habilidades mentales están determinadas por Dios. Eso no significa que no podamos desarrollar nuestra mente más allá de lo que actualmente es. Sí, lo podemos lograr; pero aun cuando fuéramos débiles mentalmente, la gracia de Dios es la que nos ayuda a capacitarnos.

"⁹Y me ha dicho: Bástate mi gracia; porque mi poder se perfecciona en la debilidad. Por tanto, de buena gana me gloriaré más bien en mis debilidades, para que repose sobre mí el poder de Cristo". 2 Corintios 12.9

9. No podemos cambiar el proceso de envejecimiento ni la muerte.

Dios creó a Adán y a Eva para que vivieran para siempre. Sin embargo, cuando ellos pecaron, comenzó su proceso de envejecimiento hasta llegar a la muerte. Por tanto, nosotros recibimos esta herencia y no podemos cambiar la edad ni el orden de ese proceso.

"¹⁰Los días de nuestra edad son setenta años; y si en los más robustos son ochenta años, con todo, su fortaleza es molestia y trabajo, porque pronto pasan, y volamos". Salmos 90.10

"¹²Enséñanos de tal modo a contar nuestros días, que traigamos al corazón sabiduría". Salmos 90.12

Dios nos manda a contar nuestros días y nos enseña a vivirlos con sabiduría. Sin embargo, Él puede hacer que este proceso sea un poco más lento usando diferentes medios, tales como el gozo y la medicina. Pero, esto no quiere decir que cada día que pasa, el proceso de envejecimiento no se lleve a cabo. Si no podemos cambiar ciertas características en nuestra vida, entonces aceptémoslas, seamos felices y disfrutemos la creación que Dios nos ha regalado. ¡Que la baja autoestima no le impida lograr lo que usted desea! Acepte su apariencia física, aunque haya algunas características que no le gusten. Acepte su trasfondo racial, acepte a sus padres, el proceso de envejecimiento y su sexo. Sea feliz, acepte a sus hermanos y su orden de nacimiento, y tendrá una autoestima saludable.

¿Cómo lidiamos con nuestras deficiencias?

Ilustración: Ésta es la historia de una niña que vivió en el año 1820. Cuando ella tenía seis semanas de nacida, alguien le dio una medicina equivocada, y como resultado, quedó ciega. Cuando fue creciendo, en lugar de tomar una actitud amargada por no poder leer, ella comenzó a memorizar las Escrituras con la ayuda de su abuela, hasta que llegó a recordarlas de memoria en su totalidad. Cuando cumplió ocho años, escribió su primer poema titulado: "¡Oh!, qué alma feliz yo soy". Después de eso, continuó escribiendo himnos de adoración hasta la edad de 86 años. Ella compuso más de 8,000 cánticos de alabanza al Señor. Y eso no fue todo, esta niña llegó a convertirse en la primera mujer que habló en público, para el Senado de los Estados Unidos, en Washington. Sus canciones se vendieron por millones en ese tiempo. Su nombre era francés: Jane Crosby, también conocida como Janny.

Dios puede hacer que superemos nuestras limitaciones y deficiencias físicas. Sin embargo, muchos se preguntarán: ¿Por qué Dios no la sanó? ¿Sana Dios a las personas? La respuesta es sí. Él es nuestro sanador. Pero, debemos entender que, si no nos sana de cualquier deficiencia física o emocional, nos traerá su llenura completa cuando pongamos en orden nuestro conflicto con el cielo al aceptarnos a nosotros mismos.

Capítulo 9

¿Quiénes Somos en Cristo Jesús?

Anteriormente, hice referencia a que el ser humano debe poner en orden su conflicto con el cielo. Esto implica reconocer que somos creación de Dios, que Él nos hizo, y no nosotros a nosotros mismos, que debemos aceptarnos físicamente tal y como somos. También implica reconocer que existen ciertas cosas que no podemos cambiar. Una vez que tenemos clara esta posición, entonces debemos aceptarnos como personas para entender quiénes somos en Cristo Jesús.

Uno de los grandes problemas de la sociedad de hoy es la falta de identidad. Hay algunos individuos que se aceptan como persona, pero aún no conocen su identidad en Dios; lo cual es mucho más importante, ya que al saber esto, encontrarán su valor como personas. La identidad de un individuo la da un padre, y la identidad espiritual es dada por nuestro Padre celestial. La identidad es tan importante, que la primera tentación de Jesús fue para probar su identidad como Hijo.

"³Y vino a él el tentador, y le dijo: Si eres Hijo de Dios, di que estas piedras se conviertan en pan". Mateo 4.3

Las personas que no saben que son hijos e hijas, son fácilmente engañadas y tentadas por el enemigo. Este tipo de personas caen en diferentes trampas mientras van en busca de su identidad, tratando de ser como otros. Un ejemplo muy común de esto son las gangas; aunque en realidad, estas personas siguen sin identidad, pues la verdadera identidad sólo la puede dar el Padre.

¿Quiénes somos en Dios?

Somos hijos e hijas de Dios

"¹²Mas a todos los que le recibieron, a los que creen en Su nombre, les dio potestad de ser hechos hijos de Dios..."
Juan 1.12

Antes de llegar a ser creyentes, ya éramos creación de Dios; pero después de conocer a Jesús, venimos a ser hijos e hijas de Dios. ¡Qué privilegio tan grande ser hijos e hijas del Dios Altísimo! Ya no tenemos que estar buscando identidad en otras personas, en falsos modelos o en cosas. Sólo tenemos que creer en la revelación de que somos hijos de Dios, que Él es nuestro Padre y que nos ama.

¿Qué tipo de hijos éramos antes de conocer al Señor?

- **Hijos de ira**

    "³...entre los cuales también todos nosotros vivimos en otro tiempo en los deseos de nuestra carne, haciendo la voluntad de la carne y de los pensamientos, y éramos por naturaleza hijos de ira, lo mismo que los demás". Efesios 2.3

- **Esclavos**

"⁷Así que ya no eres esclavo, sino hijo…". Gálatas 4.7

En cada uno de estos versos bíblicos, encontramos que nuestra condición era terrible antes de conocer al Señor. No teníamos identidad; por eso, sentíamos que no servíamos para nada; nos sentíamos sucios, culpables, poca cosa, y teníamos una imagen degradada de nosotros mismos.

¿Qué sucedió después que conocimos a Jesús?

Al aceptar a Cristo, se produjeron cambios radicales en nuestro corazón gracias al amor de nuestro Padre Celestial, en el cual somos llamados y adoptados como "Hijos de Dios". ¡Qué bendición, saber que ahora somos hijos del Dios viviente, que Él nos ama y que nadie nos puede apartar de su amor!

"¹Mirad cuál amor nos ha dado el Padre, para que seamos llamados hijos de Dios; por esto el mundo no nos conoce, porque no le conoció a él. ²Amados, ahora somos hijos de Dios, y aún no se ha manifestado lo que hemos de ser; pero sabemos que cuando él se manifieste, seremos semejantes a él, porque le veremos tal como él es". 1 Juan 3.1, 2

Si alcanzamos la revelación de que somos hijos de Dios, estaremos seguros de nuestra identidad y ya no buscaremos seguridad en otras cosas. En cambio, si dudamos de quiénes somos, entonces el enemigo se aprovechará de esto, haciéndonos caer en tentación y errar el camino.

¿Cómo recibimos la revelación de que somos Hijos?

La recibimos por medio de la fe, de la misma manera que Jesucristo recibió la revelación de que Él era hijo, igualmente nosotros la recibimos.

"²⁶...pues todos sois hijos de Dios por la fe en Cristo Jesús...".
Gálatas 3.26

Para recibir la revelación de que somos hijos, debemos creerlo, confesarlo y actuar como lo que somos... "verdaderos hijos de Dios".

¿Cuáles son los resultados de recibir la revelación de que somos hijos?

1. Los hijos reciben la misma herencia de su padre.

"¹⁷Y si hijos, también herederos; herederos de Dios y coherederos con Cristo, si es que padecemos juntamente con él, para que juntamente con él seamos glorificados".
Romanos 8.17

Hay una herencia espiritual, física y material que Dios ha preparado para sus hijos e hijas, y nunca la podremos disfrutar si nos vemos como esclavos y no como hijos. Para que nunca más tengamos una autoestima baja, necesitamos asimilar la revelación de que no somos esclavos, sino hijos, y que hay una herencia para nosotros. En nuestra herencia, hay promesas de vida eterna, liberación, sanidad, llamado, salvación, prosperidad, etcétera.

2. Dios nos acepta como hijos.

"⁶...para alabanza de la gloria de su gracia, con la cual nos hizo aceptos en el Amado...". Efesios 1.6

Uno de los grandes problemas de las personas hoy en día, es el rechazo. Algunas veces hay quienes sienten que no son aceptados por su familia, por sus amigos, por sus hermanos, por sus compañeros de escuela o de trabajo. El rechazo los persigue y consideran que nadie los acepta tal como son. La buena noticia es que Dios, nuestro Padre Celestial, sí nos acepta. Él nos ama con todos nuestros defectos y debilidades; flaquezas y fortalezas; con nuestro temperamento, personalidad y apariencia física, etcétera.

Es de hacer notar que Dios nos acepta como individuos, como sus hijos, pero no acepta y tampoco ama nuestro pecado. Por tanto, para conseguir su gracia y su favor, tenemos que arrepentirnos del pecado. Solamente cuando reconocemos y entendemos que Dios nos acepta como hijos, tenemos un arma poderosa contra el espíritu de rechazo. No importa si el resto de las personas nos rechazan; si sabemos que Dios nos acepta, esto es más que suficiente para estar alegres y felices.

3. Los hijos pueden clamar "Papi".

"⁶Y por cuanto sois hijos, Dios envió a vuestros corazones el Espíritu de su Hijo, el cual clama: ¡Abba, Padre!". Gálatas 4.6

La palabra "Abba" es un vocablo arameo que significa "Papi" o "Papito". Es una manera de expresar una relación íntima y cercana con el Padre. Podemos gritar y clamar "Papi", "Abba", porque somos hijos y podemos llamarle así gracias a Jesucristo.

4. **Los hijos tienen la gracia de vencer todo obstáculo en la vida.**

"⁷El que venciere heredará todas las cosas, y yo seré su Dios, y él será mi hijo". Apocalipsis 21.7

¡Qué maravilloso saber que Dios no se avergüenza de llamarse nuestro Padre! Por eso es que a todos aquellos que vencen, Él les llama hijos.

Para concluir esta parte del capítulo, podemos decir lo siguiente:

Cada uno de nosotros tiene que poner fin al conflicto con el cielo. Esto es: entender que Dios nos creó, que Él nos hizo a su imagen y semejanza, y por eso, tenemos que aceptarnos físicamente tal como somos. Hay muchas cosas que no podemos cambiar, por lo que debemos aceptarlas y aprender a sobrellevarlas. Tenemos que entender quiénes somos en Jesús: somos hijos de Dios. Antes éramos esclavos, pero el sacrificio de Jesús cambió nuestra identidad. La revelación de que somos hijos la recibimos por fe. Pues como hijos tenemos derecho a una herencia espiritual, material y física. Sólo los hijos podemos ir ante Dios como un verdadero Padre.

Somos un pueblo con propósito y destino

Hay tres puntos principales que hemos aprendido acerca de la autoestima, y éstos son:

1. Lo que somos como personas.

2. Lo que somos en Jesucristo.

3. Que somos un pueblo con propósito y destino.

Precisamente ahora vamos a estudiar el hecho que somos personas con propósito y destino. Toda persona ha nacido con un propósito dado por Dios. Lamentablemente, quienes sufren de baja autoestima, consideran que no tienen propósito por el cual vivir en la tierra.

¿Qué es un propósito?

Es la intención original con que algo es creado. La palabra propósito es sinónima de "llamado, destino, potencial y voluntad de Dios".

Es muy frustrante no saber lo que a uno le pertenece, no conocer el propósito de algo, o no saber cómo hacerlo funcionar. La mayor parte de los problemas de la raza humana, incluyéndolo a usted y a mí, vienen como resultado de tenerlo todo, pero no saber reconocer por qué se tiene, cómo funciona, o cuál es el propósito de tenerlo. La persona o el individuo que tiene una baja autoestima, no entiende ni conoce su propósito, su destino, la razón ni la intención por la cual Dios lo creó. Para entender un poco más acerca del propósito, vamos a hacernos algunas de las preguntas que se haría una persona sin propósito:

- **¿Creó Dios a todo ser humano con un propósito?**

Sí, antes de crear a cada ser humano ya Dios tenía en su mente el propósito específico para esa vida.

"⁷Y me dijo Jehová: No digas: Soy un niño; porque a todo lo que te envíe irás tú, y dirás todo lo que te mande". Jeremías 1.7

Antes de que Jeremías naciera, Dios ya le había destinado un potencial, un llamado y un propósito: la pasión y el fuego para ser un profeta para las naciones. Si nacimos es porque Dios ya nos había destinado un propósito. No importa el color de la piel, el trasfondo familiar, el sexo, la nacionalidad o la apariencia física, usted tiene un propósito en Dios. Usted nació para ser alguien especial. No permita que los pensamientos de baja autoestima lo destruyan. Dios lo ama y lo acepta tal como es porque tiene un propósito con usted.

- **¿Por qué debemos llevar a cabo el propósito de Dios en nuestra vida?**

Porque cuando llegamos a obedecer su voluntad, nuestra vida estará completa; y verdaderamente, nos sentiremos satisfechos, complacidos y felices. Todo individuo que no cumple el propósito de Dios en su vida, siempre se sentirá miserable, incompleto y con baja autoestima, aunque tenga dinero, fama o varios diplomas. Pero, no me malentienda. Todo esto es bueno, siempre y cuando, no nos impida cumplir con el propósito de Dios en nuestras vidas.

Veamos cómo Jeremías expresa con sus palabras el sentir del propósito de Dios en él.

"⁹Y dije: No me acordaré más de él, ni hablaré más en su nombre; no obstante, había en mi corazón como un fuego ardiente metido en mis huesos; traté de sufrirlo, y no pude". Jeremías 20.9

- **¿Cómo podemos encontrar nuestro propósito?**

Buscando y conociendo a Dios. Recuerde que Él nos creó, y sabe la razón e intención por la cual nos hizo. De manera que, para conocer nuestro propósito, tenemos que ir a la fuente, a aquel que nos formó. Millones de individuos han muerto sin conocer su propósito, y otros que aún viven, no son completamente felices porque no tienen conocimiento del mismo.

- **¿Cuál es el obstáculo más grande para que lleguemos a cumplir el llamado y propósito de Dios?**

La baja autoestima. Si no alineamos nuestra autoestima con el propósito de Dios en nuestra vida, nunca podremos cumplir su llamado. Como ocurrió con Moisés cuando Dios lo llamó. Él le dio muchas excusas a Dios, porque se consideraba inapropiado para ser llamado. Esto puede llegar a ser el mayor obstáculo para que lleguemos a cumplir nuestro propósito.

- **¿Cómo debemos vernos a nosotros mismos?**

Debemos vernos como hijos de Dios, con un propósito y un destino específico y definido. Debemos sentir que no estamos en la tierra por casualidad, sino porque Dios tiene algo destinado para nosotros desde antes de nuestro nacimiento; por lo tanto, debemos reconocer que aunque el llamado sea muy grande, Dios es poderoso para llevarlo a cabo si estamos dispuestos a ser sus instrumentos.

- **¿Cuál es la promesa de Dios para nuestras vidas?**

Que Él llevará a cabo su propósito en nosotros.

"⁸Jehová cumplirá su propósito en mí; tu misericordia, oh Jehová, es para siempre; no desampares la obra de tus manos". Salmos 138.8

No importa lo que otros le hayan dicho, lo que su familia le haya dicho, lo que el enemigo le haya dicho o hecho; no importa quién se levante en su contra, Dios cumplirá su propósito con usted.

- **¿Cuáles son los requisitos para que Dios cumpla su promesa?**

Dios hará su parte, pero también nosotros debemos hacer la nuestra, y actuar en obediencia.

Cada uno de nosotros debe estar dispuesto a obedecer al llamado de Dios, sin importar las circunstancias, el lugar, las condiciones o el tiempo. La obediencia es lo único que Dios está buscando de sus hijos. Él no quiere sacrificio, sino obediencia.

Algunos principios importantes:

- Debemos tener la revelación en nuestro corazón de que somos creación de Dios.

- Debemos entender que somos hijos, herederos de toda la herencia que Jesucristo obtuvo en la cruz del Calvario para nosotros.

- Debemos entender que cada uno de nosotros fue creado con un propósito.

- El propósito es la intención original por la cual algo es creado.

- La palabra propósito es sinónimo de potencial, voluntad de Dios, destino, llamado y pasión.

- Antes que fuéramos formados en el vientre de nuestra madre, Dios ya nos había asignado un propósito.

- Cuando un ser humano encuentra el propósito en su vida, encuentra la felicidad.

- El propósito se encuentra cuando conocemos y buscamos a nuestro Creador.

- Dios cumplirá su propósito en cada uno de nosotros si somos obedientes a Él.

Capítulo 10

La Obesidad y la Glotonería

Es realmente alarmante conocer las nuevas estadísticas sobre enfermedades en los Estados Unidos. Según un informe de los Centros para el Control y Prevención de Enfermedades (CDC), la obesidad está superando al tabaquismo como causa principal de muerte entre los habitantes de esta nación. Este informe muestra que el consumo de tabaco era, en el 2000, la causa principal de defunción en los Estados Unidos, causándole la muerte a 435.000 personas, representando el 18,1 por ciento de todas las muertes que se produjeron ese año. Sin embargo, el sedentarismo y la mala dieta ocasionaron ese mismo año 400.000 muertes. Esto es el 16,6 por ciento del total, según muestra el mismo informe. Se estima que 129,6 millones de estadounidenses padece de sobrepeso u obesidad, lo que representa el 64 por ciento del total de la población.

Si los estadounidenses continúan engordando al ritmo actual, en el 2020 uno de cada cinco dólares que se gasten en cuidados para la salud de personas entre 50 y 69 años, podría estar asignado al tratamiento de problemas relacionados con la obesidad (un 50 por ciento más que en la actualidad), según un estudio de Rand Corporation.

Dado que uno de cada cinco niños es obeso, los estudios han empezado a investigar los patrones alimenticios tempranos. Brophy Marcus (2001) declara que los bebés que reciben fórmula, son 20% más propensos al sobrepeso que aquellos que recibieron leche materna durante los primeros seis meses de vida.

Una investigación encontró un vínculo significativo entre la alimentación con biberón y la obesidad en la adolescencia entre la población de bajos recursos socioeconómicos. Nelly (2001) hace notar que un mayor consumo alimenticio y mayor peso, ocurre en niños de esta misma población cuando viven con un padre o madre soltero(a).

"Es una catástrofe que se puede prevenir mediante una buena dieta combinada con ejercicio", dice un cirujano general. Una persona mayor puede comenzar por algo tan trivial como no pasarse media hora buscando estacionar el automóvil cerca del lugar hacia donde se dirige, sino dejarlo a unas cuadras de distancia y caminar".

Mejor aún es la prevención. En los Estados Unidos, precisa el cirujano general, uno de cada cuatro niños, pasa más de cuatro horas diarias frente al televisor. "Nuestros chicos ejercitan más la punta de los dedos que las piernas, los brazos o los pulmones", dice al referirse al cambio de hábitos que han hecho que nuestros hijos pasen de jugar en los parques, a entretenerse con juegos electrónicos.

Estados Unidos gasta un sexto de su Producto Interno Bruto anual en salud, y de seguir la actual tendencia, esta proporción podría llegar a duplicarse. Los expertos en el tema afirman que, como sociedad, no podemos seguir permitiendo las malas elecciones en cuanto a dieta y salud, que nos han llevado a hacernos de una carga y costos tan tremendos, especialmente si tomamos en cuenta que este país gasta más en salud que la mayoría de los otros países desarrollados, obteniendo con mucha frecuencia, resultados peores.

Según un cálculo del Grupo Empresarial de Washington sobre la Salud, que agrupa a varias empresas que buscan tener voz en las políticas de salud, la obesidad ocupa anualmente 12.000 millones de dólares de los presupuestos de las compañías, debido a los altos costos médicos que se asocian a ella.

¿Qué es la obesidad?

Unas libras extra no implican obesidad. Sin embargo, esto puede indicar una tendencia a ganar peso con facilidad y la necesidad de cambios en la dieta y/o ejercicio. Generalmente, un niño no se considera obeso hasta que pesa por lo menos un 10 por ciento más que el peso recomendado para su estatura, contextura ósea y corporal. La obesidad comúnmente comienza en la infancia, entre las edades de 5 y 6 años, y durante la adolescencia. Estudios confiables han demostrado que el niño que es obeso entre los 10 y 13 años, tiene un 80 por ciento de riesgo de convertirse en un adulto obeso.

¿Qué causa la obesidad?

Las causas de la obesidad son bastante complicadas e incluyen factores genéticos, biológicos, de comportamiento y espirituales. Básicamente, la obesidad ocurre cuando una persona ingiere más calorías que las que su cuerpo puede consumir o quemar.

Si un hombre es obeso, hay un 50 por ciento de probabilidad que sus hijos sean también obesos. Sin embargo, cuando ambos padres son obesos, la probabilidad, de que los niños sean obesos, aumenta a un 80 por ciento.

Aunque algunos desórdenes médicos pueden causar la obesidad, menos del uno por ciento de todos los casos de obesidad son causados por problemas físicos.

La obesidad puede estar relacionada con:

- Hábitos alimenticios deficientes
- Comer demás o perder la capacidad de parar de comer ("binging")
- Falta de ejercicio (por ejemplo, personas que se la pasan acostadas en el sofá)
- Historial de obesidad en la familia
- Enfermedades médicas (problemas endocrinológicos o neurológicos)
- Medicamentos (esteroides y algunas medicinas usadas en la siquiatría)

- Cambios en la vida que causan mucho estrés (ejemplo: separaciones, divorcio, mudanzas, muertes, abuso)
- Problemas familiares o con amistades
- Baja autoestima
- Depresión u otros problemas emocionales y espirituales

¿Cuáles son los riesgos y complicaciones de la obesidad?

Hay muchos riesgos y complicaciones debidos a la obesidad. Las consecuencias físicas incluyen:

- Un aumento en el riesgo de enfermedades del corazón, como la alta presión de la sangre.
- Diabetes
- Disfunciones respiratorias
- Dificultades al dormir

La obesidad está también asociada con un aumento en el riesgo de desequilibrios emocionales. Las personas con problemas de peso tienden a tener una autoestima mucho más baja, y a ser menos populares entre sus amigos. La depresión, la ansiedad y el desorden obsesivo compulsivo también pueden ser causas de la obesidad.

Al conocer todas estas estadísticas acerca de la obesidad, algunas de sus causas y los riesgos que conlleva, se hace importante también, entender la estrecha relación que existe entre la obesidad y la glotonería, desde un enfoque espiritual.

La glotonería

La glotonería es uno de los problemas más antiguos que tiene el hombre. Esto ocurría en los días de Noé, cuando la gente comía, bebía y se emborrachaba hasta saciarse, y sigue ocurriendo en nuestro tiempo. Es interesante ver que si esta acción se hace de forma compulsiva, se convierte en adicción; lo mismo que sucede con la marihuana, la cocaína o cualquier otra droga. Por supuesto, las personas no la ven de esta manera, y sin saberlo, se van convirtiendo en adictas a la comida hasta el punto de llegar a la obesidad.

"^{38}Porque como en los días antes del diluvio estaban comiendo y bebiendo, casándose y dando en casamiento, hasta el día en que Noé entró en el arca". Mateo 24.38

¿Qué es la glotonería?

Es un deseo compulsivo de comer, provocado por una ansiedad del alma. Este hábito egoísta puede comenzar a causa del rechazo, heridas reales o imaginarias, o que las personas se sienten decepcionadas, amargadas o deprimidas. El hábito de comer demasiado, conocido como la glotonería es muy difícil de romper. No basta sólo con hacer dietas, ingerir alimentos sanos o estrictos programas de ejercicios.

Desórdenes alimenticios

Existen diferentes tipos de desórdenes alimenticios, entre los cuales se encuentran la anorexia, la bulimia y la glotonería.

¿Qué es la anorexia?

La anorexia es el rechazo activo o pasivo hacia los alimentos. Es un miedo o temor intenso a ganar peso, y a sufrir una alteración en la forma del cuerpo. La anorexia se da, en parte, por el deseo de alcanzar un cuerpo perfecto, o llegar al ideal que la persona tiene en su mente.

Las personas anoréxicas comienzan a excluir de su dieta todos los alimentos con alto contenido de calorías; usan dietas restringidas que se limitan a pocos alimentos. En casos más severos, usan otros métodos para perder peso, tales como: purgantes, vómitos provocados o ejercitarse compulsiva y excesivamente.

Este desesperado y desordenado intento de perder peso, conduce a la persona a una mala nutrición. Esto a su vez contribuye a cambios físicos y emocionales que, finalmente, le provocan ansiedad, atrapándola en un círculo vicioso del cual ya no sabe cómo salir.

¿Qué es la bulimia?

La bulimia se define como el deseo o ansiedad compulsiva de comer, seguido de un sentimiento de culpa que lleva a la persona a utilizar los mismos métodos que en la anorexia para deshacerse rápidamente de los alimentos ingeridos. Estas dos enfermedades (bulimia y anorexia) están directamente relacionadas con el pánico a engordar o sentirse gordo. Éste es un hábito que aparece más en mujeres que en hombres, con un alto índice entre adolescentes. La mayor parte de doctores, psicólogos y psiquiatras consideran la bulimia como una enfermedad.

Estos desórdenes alimenticios, tanto la anorexia como la bulimia, son formas de rebelión en contra del cuerpo, y los individuos que las practican están destruyendo su propio cuerpo.

La sociedad occidental padece de una gran obsesión por la apariencia física, hasta el punto de adorar su cuerpo. Esto pone una gran presión y demanda emocional sobre las personas, pues éstas quieren sentirse aceptadas (ser parte de la sociedad), o quieren sentir que sus cuerpos son el ideal de belleza de la sociedad. En muchos casos, cuando una persona tiene sobrepeso, o cree que lo tiene, comienza a sentir una gran ansiedad en el alma.

¿Cuál es la causa principal de la glotonería, anorexia y bulimia?

Hay diferentes causas que las ocasionan, y son las siguientes:

1. **Problemas emocionales**

    La raíz principal de estos desórdenes alimenticios son los problemas emocionales. Por lo general, la persona que presenta estos hábitos, esconde un dolor, una herida o un trauma.

    ¿Cuáles son algunos de esos problemas emocionales?

    Entre otros, el rechazo a sí mismo, la ansiedad, la baja autoestima, el temor a ser rechazados y la autocompasión.

Sé de algunas personas que tienen sobrepeso, que dicen encontrar consuelo al dolor de su alma, comiendo.

2. Influencias demoníacas

Hay muchas personas que creen que los desórdenes alimenticios no tienen nada que ver con los demonios; sin embargo, durante mi ministerio he encontrado que hay un sinnúmero de personas dominadas por espíritus demoníacos de anorexia, bulimia, gula y glotonería. Como consecuencia, por mucho que las personas traten de romper el hábito de comer compulsivamente, no pueden, porque hay un espíritu que las controla y anula su voluntad.

Anteriormente, expliqué que este tipo de desórdenes son una forma de rebelión contra el cuerpo, por lo tanto, tiene que lidiarse con el espíritu de rebelión que le dio acceso a esos desórdenes alimenticios. Ésta es una de las maneras de ser sanado y liberado. La rebelión por lo general es contra alguien más; puede ser contra la madre, el padre u otra persona. Estos malos hábitos son usados por las personas que los padecen para llamar la atención, o como castigo hacia otros.

¿Cómo es que el demonio de glotonería entra en una persona?

Como cualquier otro demonio, el de glotonería, entra por las obras de la carne, de acuerdo a lo que nos enseña la palabra de Dios.

"¹³Andemos como de día, honestamente; no en glotonerías y borracheras, no en lujurias y lascivias, no en contiendas y envidia". Romanos 13.13

Una obra de la carne que se practica de continuo, se convierte en un pecado, y un pecado practicado continuamente, abre la puerta a un espíritu demoníaco. Ese espíritu entra en esa persona y logra dominarla y controlarla.

Por ejemplo, una persona que tiene el hábito de comer excesivamente todo el tiempo, de acuerdo a la Biblia, se considera que está en pecado. Por tanto, le abre la puerta a un espíritu de bulimia que lo terminará controlando y dominando. Lo mismo ocurre con la anorexia. Si la persona padece de este desorden, causado por situaciones adversas, le abre la puerta a un espíritu de anorexia, y una vez que la persona sea dominada por ese espíritu, es muy difícil romper con el hábito. Solamente puede ser libre por el poder de la sangre de Jesús.

Muchas personas han perdido peso y se han mantenido estables, gracias a la liberación de espíritus demoníacos que las dominaban. Mientras tanto, otras personas que estaban por debajo de su peso normal, lograron ganar peso de nuevo, gradualmente. Esto ocurre cuando, por medio de la liberación, se rompe la autocompasión que afectaba la autoestima de la persona.

3. **Abuso sexual**

Ésta es otra fortaleza demoníaca que puede controlar el

hábito de comer, especialmente en las mujeres. Por ejemplo, si una niña fue abusada en la edad de la pubertad, ella quizás asocie este abuso con el cambio físico producido por el desarrollo normal de una mujer, y empiece a creer que tener un cuerpo desarrollado y atractivo la hace más vulnerable a ser abusada. Como consecuencia, toma la decisión de no comer para perder toda forma y se convierte en una persona anoréxica, causándose desórdenes en los períodos menstruales, y que sus características físicas sexuales no se desarrollen. Estas conductas no se hacen, quizás, conscientemente; pero, funcionan como un mecanismo de defensa para no volver a ser abusada.

4. Los desórdenes para comer pueden ser causados por reacciones alérgicas.

En ocasiones, la obesidad puede ser causada por reacciones alérgicas a sustancias que el cuerpo no puede absorber. Los síntomas pueden llegar a ser severos y producirse tanto interior como exteriormente. Por esto, es importante que las personas que sufren de sobrepeso, a pesar de no comer excesivamente, se hagan un examen para encontrar el alimento que les está ocasionando la alergia, y eliminar el sobrepeso, en el caso que ésta sea la causa.

Algunas de estas alergias están presentes desde el momento del nacimiento. Esto nos indica que puede ser una alergia heredada de alguno de los padres. Pueden ser anuladas cuando buscamos la raíz de ellas y cortamos la herencia de enfermedades traspasadas generacionalmente.

5. Los desórdenes en el comer pueden ser causados por la mala alimentación y la falta de ejercicio.

Esta es otra de las causas por las cuales muchas personas están en sobrepeso. Los alimentos que consumen son "comida chatarra", que engordan pero no alimentan, lo cual conduce a ganar peso, y luego, acarrean un problema emocional.

¿Qué dijo Jesús acerca de comer y beber?

"25Por tanto os digo: No os afanéis por vuestra vida, qué habéis de comer o qué habéis de beber; ni por vuestro cuerpo, qué habéis de vestir. ¿No es la vida más que el alimento, y el cuerpo más que el vestido?" Mateo 6.25

Lo primero que Jesús nos enseña, es que el afán es un problema del alma del ser humano. La palabra afán, en el griego, es el vocablo "merimnao", que significa una distracción, preocupación, cosas que causan ansiedad, tensión y presión.

La sociedad de hoy está concentrada y enfocada en la comida, la bebida y el vestido. Estas cosas se han convertido en prioridad debido a que las personas tienen un dolor, un vacío en el alma y buscan consuelo en el comer, beber y vestir; comen y beben porque tienen una gran ansiedad en su corazón, e inconscientemente, creen que al satisfacer los deseos de la carne, van a aplacar el hambre espiritual que las devora.

Jesús dice más adelante:

"²⁵...¿No es la vida más que el alimento y el cuerpo más que el vestido?". Mateo 6.25

Jesús está diciendo: Hay algo superior, más grande, más maravilloso que comerse un plato de comida y ponerse un traje. ¿Qué es eso tan grande? La vida en Dios y el amor de su Hijo Jesucristo. Cuando una persona encuentra esto, es llena y satisfecha completamente. Este amor suple todo lo que le pueda faltar; la ansiedad, el dolor y las heridas desaparecen, y la vida en Cristo quita la tensión, la preocupación y toda presión, porque Jesús le trae su paz.

¿Dónde se encuentra esa vida?

Esa vida se halla en el Reino de Dios.

"¹⁷...porque el reino de Dios no es comida ni bebida, sino justicia, paz y gozo en el Espíritu Santo". Romanos 14.17

La verdadera vida plena, absoluta y feliz, consiste en tener tres aspectos:

Justicia. La justicia se logra cuando los pecados de la persona son perdonados y tiene una relación cercana y correcta, primero con el Padre celestial por medio de su Hijo Jesucristo, y luego, con el prójimo y consigo mismo.

Gozo. La mayor parte de las personas hoy, está buscando la manera de sentirse felices, de tener gozo, aunque sea por un instante; por eso, muchos buscan medios como la droga, el alcohol y la comida, pero el gozo que brindan estas cosas es temporal. El gozo que la fama, las riquezas y el sexo ilícito dan al hombre, es temporal y se pierde. El gozo y la felicidad verdadera se encuentran en Jesús.

Paz. La gran mayoría de seres humanos busca paz en el corazón; y cuando ésta falta, trata de encontrarla en el sexo, la fama, el dinero, las drogas o la comida; pero la "paz" que consigue es temporal, pasajera y, eventualmente, lo único que obtiene es sentido de culpabilidad por lo que hace.

"²⁷La paz os dejo, mi paz os doy; yo no os la doy como el mundo la da. No se turbe vuestro corazón, ni tenga miedo".
Juan 14.27

¿Cuál es la promesa de Jesús para quienes creen en Él?

"³³Estas cosas os he hablado para que en mí tengáis paz. En el mundo tendréis aflicción; pero confiad, yo he vencido al mundo". Juan 16.33

Jesús nos enseña, en el libro de Mateo, cómo encontrar la justicia, el gozo y la paz que tiene el Reino de Dios para ser felices.

"³²Porque los gentiles buscan todas estas cosas; pero vuestro Padre celestial sabe que tenéis necesidad de todas estas cosas". Mateo 6.32

Jesús nos enseña que todos aquellos que no confían en Dios, buscan diligentemente la comida, la bebida y el vestido, debido a que su corazón está vacío, y en esas cosas encuentran cierta satisfacción.

Sin embargo, más adelante nos enseña la clave para ser felices.

"³³Mas buscad primeramente el reino de Dios y su justicia, y todas estas cosas os serán añadidas". Mateo 6.33

Primero, busque lo más importante, lo esencial, lo más beneficioso, que es el Reino de Dios y su justicia (buenas relaciones con Dios, con los demás y con nosotros mismos), gozo y paz en el Espíritu Santo. Si nos esforzamos por buscar estas tres dádivas de Dios, entonces la comida, la bebida y el vestido serán añadidos. Todas las cosas materiales, tales como: casas, carros, tierras, etcétera, Dios nos las dará, pero primero tenemos que buscar ardientemente, una relación cercana con Él, y como resultado, conseguiremos la justicia, tendremos gozo y paz. Ya no estaremos ansiosos por comer y beber.

¿Cuáles son las consecuencias de la glotonería?

1. **Esaú vendió su primogenitura o herencia por un plato de comida.**

    "¹⁶...no sea que haya algún fornicario, o profano, como Esaú, que por una sola comida vendió su primogenitura". Hebreos 12.16

2. **La glotonería puede llegar a ser un obstáculo para irse en el rapto con Jesús.**

    "³⁴...Mirad también por vosotros mismos, que vuestros corazones no se carguen de glotonería y embriaguez y de

los afanes de esta vida, y venga de repente sobre vosotros aquel día". Lucas 21.34

3. La glotonería puede venir a ser el dios de una persona.

"^{19}...el fin de los cuales será perdición, cuyo dios es el vientre, y cuya gloria es su vergüenza; que sólo piensan en lo terrenal". Filipenses 3.19

Hay muchas personas que por comida son capaces de hacer muchas cosas, dentro de las cuales está el matar, robar y destruir, aun a su propio cuerpo. Cuando estas personas llegan al punto de hacer cualquier cosa por saciar sus deseos, quiere decir que la comida se ha convertido en su propio dios; viven para él solamente, y no para el Dios verdadero.

Pablo reprende a los creyentes por su glotonería y los llama a arrepentirse.

4. El bebedor y el comilón empobrecerán.

"^{20}No estés con los bebedores de vino, ni con los comedores de carne; ^{21}Porque el bebedor y el comilón empobrecerán, y el sueño hará vestir vestidos rotos". Proverbios 23.20, 21

Testimonio: Desde pequeña, siempre me habían llamado "gorda"; y esto me afectó tanto, que me creí el cuento. Debido a eso, cuando estaba en primer grado, hice mi primera dieta. Luego descubrí "el peor de los secretos", que podía permanecer sin comer durante tres días y al tercer día comer algo muy pequeño, como un kiwi y luego seguí sin comer. De esta forma empezó mi problema de anorexia, y así permanecí durante mucho tiempo. Hasta que mi mamá se dio cuenta y me hizo comer. Entonces pasé de un extremo al otro porque, de repente, sentía un deseo compulsivo de comer, y no podía parar. Y fue así como mi problema se convirtió en bulimia. Como consecuencia, empecé a engordar hasta que no cabía en la ropa, y mi autoestima bajó considerablemente. La bulimia duró un tiempo, pero cuando pasó, yo de todas maneras permanecía triste. Aunque todo el mundo me aceptara, y aunque todos los profetas me dijeran que Dios me amaba, yo no me amaba a mí misma. Yo sabía que Dios me amaba, pero el problema era que yo no me amaba. Un día, el Espíritu Santo me dio convicción de pecado, de que lo que hacía ofendía a Dios. Entonces me cansé de darle derecho al diablo, de permitirle que tomara mi vida, de que me quitara a mi familia, mi felicidad, mi juventud, mis mejores años. Me dio una ira contra el diablo, que le dije: "diablo, ¡no más, ya no más en el nombre de Jesús!" Ahora me alimento y ayuno normalmente. ¡Soy libre! ¡Sí se puede ser libre!

Testimonio: Cuando era pequeña, sufría de anorexia, porque me dijeron que era gorda, por eso empecé a dejar de comer, hasta que mi hermano me dijo que si no comía, le iba a decir a mi mamá. Cuando llegué a la iglesia, oraron por mí y echaron fuera a ese demonio, y ahora puedo comer bien.

¿Cómo ser libre de glotonería, anorexia, bulimia, desórdenes del apetito, sobrepeso y sus conexiones?

1. **Acepte y reconozca a Jesús como su Señor y Salvador.**

   Cualquiera que sea la causa de las condiciones indicadas anteriormente, éstas tienen su raíz en el alma, y el vacío en su corazón solamente Jesús lo puede llenar. Declare en voz alta y con todo su corazón, la oración que se encuentra al final de este libro. De esta manera, Jesús podrá actuar y usted será libre de todo problema alimenticio.

2. **Renuncie a todos los espíritus demoníacos que tienen que ver con la glotonería.**

   Hay espíritus demoníacos que se encargan de ocasionar estos problemas y que trabajan juntos; por eso, es necesario que renuncie a cada uno de ellos.

   La siguiente, es una lista de cada uno de estos espíritus:

   ▷ Ansiedad

   ▷ Depresión

   ▷ Temor a engordar

   ▷ Anorexia

   ▷ Bulimia

   ▷ Rechazo a sí mismo

   ▷ Desorden para comer

▷ Dieta compulsiva

▷ Baja autoestima

▷ Rebelión contra el cuerpo o contra los padres

3. **Disciplinarse cada día para comer lo necesario, saludablemente.**

"¹Cuando te sientes a comer con algún señor, considera bien lo que está delante de ti, ²y pon cuchillo a tu garganta, si tienes gran apetito". Proverbios 23.1, 2

Lo que la palabra de Dios nos está diciendo, es que tenemos que disciplinarnos para comer lo que sea justo y necesario para nuestro cuerpo, y aprender a decir "no". No podemos tener miedo a engordar porque el Señor no nos ha dado espíritu de temor, sino de poder, amor y dominio propio.

Leamos la traducción de la Biblia Amplificada:

"¹Cuando te sientes a comer con un gobernante, considera quién y qué está delante de ti; ²porque te pondrás un cuchillo a tu garganta, si eres hombre dado (adicto) a tus deseos". Proverbios 23.1, 2

Si usted desea ser libre de la glotonería, anorexia, bulimia, gula o cualquier desorden alimenticio. Busque un lugar donde pueda estar a solas con el Señor y siga los siguientes pasos:

1. **Oración del pecador**

   "Señor Jesucristo: Yo reconozco que soy un pecador, y que mi pecado me separa de ti. Me arrepiento de todos mis pecados. Voluntariamente, confieso a Jesús como mi Señor y Salvador, y creo que Él murió por mis pecados. Creo con todo mi corazón, que Dios el Padre lo resucitó de los muertos. Jesús, te pido que entres a mi corazón y cambies mi vida. Renuncio a todo pacto con el enemigo; y si muero hoy, al abrir mis ojos, sé que estaré en tus brazos. ¡Amén!"

   Si esta oración expresa el deseo sincero de su corazón, observe lo que Jesús dice al respecto:

   "^{9}...que si confesares con tu boca que Jesús es el Señor, y creyeres en tu corazón que Dios le levantó de los muertos, serás salvo. ^{10}Porque con el corazón se cree para justicia, pero con la boca se confiesa para salvación".
   Romanos 10.9, 10

2. **Oración de renunciación**

   Padre Celestial, yo me arrepiento del pecado de anorexia, bulimia y glotonería. Te pido que me perdones por rebelarme contra mi cuerpo que es el templo del Espíritu Santo. Renuncio a toda maldición de obesidad, alergias o cualquier otro desorden alimenticio en mi vida. Padre celestial, en este día, voluntariamente renuncio a todo espíritu de:

- Ansiedad
- Depresión
- Temor a engordar
- Anorexia
- Bulimia
- Rebelión
- Auto rechazo
- Desorden para comer
- Dieta compulsiva
- Baja autoestima
- Abuso sexual
- Pérdida de apetito
- Adicción a la comida

Les ordeno, en el nombre de Jesús, que suelten mi vida y mi cuerpo, ¡ahora mismo! Rompo toda maldición generacional ¡ahora mismo!, por el poder de la sangre de Jesús. Le ordeno a todo espíritu que le he dado lugar, de forma directa o indirecta, que se vaya de mi vida en este momento. Le ordeno que me suelte ¡ahora! en el nombre de Jesús. Y me declaro libre por el poder de Su sangre ¡Amén!

Consejos para tratar con la obesidad

Las personas obesas necesitan una evaluación médica profesional para considerar o descartar la posibilidad de una causa física. En ausencia de un desorden físico, la única manera de perder peso es reduciendo el número de calorías que se consumen y aumentando el nivel de actividad física. La pérdida de peso duradera sólo puede ocurrir cuando hay motivación propia, debido a que la obesidad, a menudo, afecta a más de un miembro de la familia. El establecer hábitos sanos de comer y rutinas de ejercicio regulares como actividades en familia, pueden mejorar las oportunidades de lograr exitosamente el control de peso, tanto para los niños como para los adultos.

Las diferentes formas de manejar la obesidad incluyen:

- Comenzar un programa de control de peso.

- Cambiar los hábitos de comer (comer despacio, desarrollar una rutina en la que se respeten los horarios de las comidas).

- Planificar las comidas y hacer una mejor selección de los alimentos, o sea, comer menos alimentos de alto contenido de grasas y evitar los alimentos de bajo valor nutritivo (comida chatarra).

- Controlar las porciones y consumir menos calorías.

- Aumentar la actividad física (especialmente el caminar) y tener un patrón de vida más activo.

- En el caso de los niños, estar pendientes y manejar mejor lo que comen en la escuela.

- Mantener una práctica de comer en familia en vez de estar viendo la televisión o estar en la computadora mientras se come.

- No utilizar los alimentos como gratificación.

- Limitar las meriendas.

La obesidad se puede convertir en un problema para toda la vida. La razón por la cual la mayoría de personas ganan las libras que han perdido, es que al alcanzar su meta, regresan a sus viejos hábitos de comer y ejercitarse. Por lo tanto, una persona obesa tiene que aprender a comer y a disfrutar los alimentos saludables de forma moderada, y ejercitarse regularmente para mantener el peso deseado. Debe ser un cambio definitivo, para toda la vida, no sólo por el tiempo que dure la dieta. Los padres de un niño obeso pueden mejorar la autoestima de su hijo, enfatizando sus puntos fuertes y cualidades positivas, en vez de enfocarse en el problema del peso.

A continuación, encontrará algunos principios importantes para recordar:

- La glotonería, la comida y la bebida han sido pecado desde la antigüedad.

- La glotonería es un deseo compulsivo de comer, provocado por una ansiedad en el alma.

- La anorexia es tener un intenso temor a ganar peso.

- La bulimia es tener una gran ansiedad por comer.

- Las causas de la glotonería y la obesidad son emocionales, espirituales y genéticas, por haber sido víctima de un abuso sexual, por reacciones alérgicas a ciertos alimentos, por mala alimentación y falta de ejercicio.

- Jesús habló de la comida y la bebida. Él dijo que lo más importante era buscar el Reino de Dios que tiene la vida verdadera.

- El Reino de Dios consiste en justicia, gozo y paz.

- La glotonería conduce a consecuencias muy grandes, tanto físicas, como emocionales y espirituales.

- La palabra final es que Jesús tiene el poder para liberarnos de la glotonería o cualquier otro desorden del apetito, pero tenemos que poner de nuestra parte, y disciplinarnos a nosotros mismos.

Capítulo 11

La Autoliberación

Creo, personalmente, que la liberación es progresiva en nuestras vidas, y que a medida que vamos madurando en el Señor, vamos siendo libres en muchas áreas. Algunas personas son libres al instante en que reciben a Jesús, aunque esto no es muy común, pues la mayoría es liberada de acuerdo al crecimiento que tienen en Dios. Entre más ataduras tenga una persona, más será el tiempo que le tomará para ser libre. La mayor parte de las personas no tiene idea de qué tan extensa e intensa es la influencia, la infiltración y la opresión demoníaca en sus vidas. Es más, posiblemente la persona que no crea tener ninguna atadura sea la que más tenga. Aunque por otro lado, si están conscientes de su situación, no saben cómo ser libres de estas opresiones y ataduras.

¿Qué es una atadura?

Es una influencia demoníaca que impide que una persona haga lo correcto, aun sabiendo lo que tiene que hacer, no lo hace, porque las influencias demoníacas que operan en ella se lo impiden.

¿Qué es la autoliberación?

Es cuando un creyente se arrepiente delante de Dios y renuncia por sí mismo a cualquier espíritu demoníaco que oprime su vida. Esto es hecho por medio de la autoridad y el poder del Espíritu Santo, sin la ayuda de otra persona.

No todo el mundo recibe liberación inmediata a través de la autoliberación. Hay quienes fallan y, en ese caso deben buscar la ayuda de un liberador. Sin embargo, hay otras personas que al llevar a cabo la autoliberación, son libres al instante.

¿Cuáles son las razones por las cuales se ven estos dos diferentes resultados en la autoliberación?

1. Una de las razones por las que puede fallar la autoliberación, es que la persona esté bajo un fuerte control demoníaco.

   Si éste es el caso, la persona no tiene la suficiente fe y autoridad para echar fuera los demonios. Por eso, se hace necesaria la intervención de una persona con mayor unción y autoridad, para que la ayude a ser libre.

2. Otra de las razones, es que la persona esté controlada por espíritus familiares.

   Esto significa que los espíritus que la están atando han estado en la familia por generaciones enteras y no se dan por vencidos fácilmente; en este caso, no es sólo cuestión de echarlos fuera. Ellos defienden lo que creen que es su territorio, pues un antepasado de esa familia les otorgó derecho legal. Cualquier persona que no pueda recibir liberación por medio de la autoliberación, debe buscar la ayuda de alguien con experiencia en este campo. Cuando los mayores obstáculos son removidos, entonces sí puede tomar lugar la autoliberación. La mayor parte de las veces, las personas que han sido previamente liberadas con la ayuda de alguien más, obtienen posteriores autoliberaciones en forma rápida e instantánea; simplemente siguiendo ciertos pasos que explicaré al final de este capítulo.

¿Quiénes se pueden beneficiar de la autoliberación?

- Aquellos que tienen la convicción absoluta de que la liberación es el "pan de los hijos".

- Personas que viven en lugares apartados.

- Líderes o creyentes que están en posiciones altas que no tienen a dónde ir para que los ministren.

- Creyentes que ya han sido ministrados una y otra vez con la ayuda de otra persona.

- Aquellos creyentes que recibieron liberación, pero cayeron en tentación y le abrieron la puerta al enemigo una vez más.

- Cuando alguna otra área de la personalidad necesita más liberación, con la condición de que ya se haya lidiado con la raíz de ese problema en particular.

- Creyentes que han recibido liberación, pero todavía sienten que continúa una opresión en particular sobre ellos.

¿Cómo debemos prepararnos para la autoliberación?

Cuando una persona vaya a autoliberarse, debe estar completamente segura que Jesús es el Señor de su vida, su Salvador, y que ha nacido de nuevo. Otros factores importantes que se deben tener en cuenta son, un completo arrepentimiento de sus pecados, y que esté viviendo una vida pura y santa.

Existen tres grandes obstáculos que impiden que los creyentes reciban liberación o autoliberación.

1. La falta de arrepentimiento

Cuando la persona está viviendo en pecado y no se arrepiente, le está cediendo un derecho legal al enemigo para obrar en su vida; y cuando el enemigo tiene un derecho legal que no le es quitado, no tiene por qué irse. Ésta es la razón por la que mucha gente busca la liberación, pero no la recibe. Pregúntese, si hay algún área de su vida, en que el enemigo pueda estar ejerciendo un derecho legal, por falta de arrepentimiento, el cual le impide a usted ser completamente libre.

A continuación les presento varias versiones bíblicas acerca de Efesios 4.27 que dice: "ni deis lugar al diablo", con el fin de tener una mayor comprensión del tema:

"²⁷...ni den cabida al diablo".
NUEVA VERSIÓN INTERNACIONAL (NVI)

"²⁷No le den oportunidad al diablo".
DIOS HABLA HOY (DHH)

"²⁷...ni deben darle al diablo oportunidad de tentarlos".
BIBLIA EN LENGUAJE SENCILLO (BLS)

"²⁷...ni deis oportunidad al diablo".
LA BIBLIA DE LAS AMÉRICAS (LBLA)

2. La falta de perdón

Uno de los mayores obstáculos para que un creyente reciba liberación, es la falta de perdón. En mi libro El Perdón, enseño con lujo de detalles, acerca de la falta de perdón. Antes de comenzar la autoliberación, el creyente debe estar seguro que ha perdonado, con todo su corazón, a aquellos que le han ofendido.

"¹⁵...más si no perdonáis a los hombres sus ofensas, tampoco vuestro Padre os perdonará vuestras ofensas".
Mateo 6.15

Una de las señales que demuestran que una persona tiene falta de perdón, se manifiesta cuando recuerda lo malo que le han hecho, y aún le duele. La falta de perdón es un derecho legal que una persona le da al enemigo para actuar en su vida cuando no ha perdonado las ofensas que le han hecho. Si éste es el caso, hasta el momento que perdone, tendrá la puerta abierta a cualquier influencia demoníaca. No importa quién ore por usted, no importa cuánto usted quiera ser libre, tiene que perdonar, porque de lo contrario, nunca será libre.

Haga la siguiente oración en voz alta:

"Padre Celestial, yo me arrepiento, con todo mi corazón, por guardar falta de perdón, amargura, odio y resentimiento contra las personas que me han herido. ¡Ahora mismo, yo renuncio a todo espíritu de amargura, de odio y de falta de perdón y me declaro libre, en el nombre de Jesús!"

"Padre Celestial, yo me perdono a mí mismo; nunca más me culparé o me rechazaré por lo que he hecho. Padre, tú me has perdonado, y yo también he decidido perdonarme mí mismo. Señor, vengo contra todo espíritu de falta de perdón y le ordeno que nunca más vuelva a mi vida, en el nombre de Jesús. ¡Amén!"

A lo largo de los años, he tratado casos donde las personas que guardaban rencor (falta de perdón) en sus corazones, no han podido ser libres ni sanas por más que yo haya orado por ellas más de una vez. En Cuba, me sucedió esto con una mujer que estaba en una silla de ruedas. Mientras oraba por ella, supe, por el Espíritu Santo, que en su corazón había rencor. Cuando le pedí a un liberador que la guiara a perdonar, ella fue sanada. En el instante en que decidió perdonar, fue liberada y sanada.

3. La incredulidad o la duda

"²⁰Jesús le dijo: por vuestra poca fe". Mateo 17.20

La incredulidad fue la que impidió que los discípulos de Jesús pudieran echar fuera al demonio que atormentaba al muchacho epiléptico. Hay ocasiones en que las personas quieren creer, pero no pueden. Otras veces es un espíritu de incredulidad quien se los impide y les ciega los ojos del entendimiento. Sin embargo, cuando alguien está cansado de la condición en que se encuentra, desea ser libre, y tiene fe suficiente para creer que Dios la puede liberar, entonces es verdaderamente libre. Lo mismo sucede con quienes tienen fe para creer que Dios puede usarlos para hacer libres a otras personas.

Usted tiene que creer que Jesús es su Libertador, que es la voluntad de Dios que usted sea salvo, libre y sano. Por tanto, ¡aprópiese de lo que es suyo!

¿Cuáles son los pasos para hacer una autoliberación?

1. Escriba cada problema del que usted siente que necesita ser liberado.

Haga una lista de las cosas con las cuales usted tiene una constante lucha. Por ejemplo:

- Lujuria
- Rechazo
- Mentira
- Pastillas
- Alcohol
- Cigarro

- Falta de perdón
- Temor
- Glotonería
- Ira
- Enfermedades
- Depresión
- Pasividad
- Incredulidad
- Maldiciones generacionales
- Drogas
- Pornografía
- Homosexualismo
- Lesbianismo
- Esterilidad
- Soledad
- Cáncer
- Pastillas
- Ansiedad

Ésta es solamente una pequeña lista, usted puede escribir más. Escudriñe su área emocional, sexual, espiritual, y cualquier otra área, en la que esto pueda ser aplicado.

2. El arrepentimiento y la renunciación

Una vez que usted haya hecho la lista, comience a arrepentirse por cada una de esas prácticas y comience a renunciar a ellas.

Lea esta oración conmigo en voz alta:

"Yo confieso que Jesús es mi Señor y Salvador. Yo, voluntariamente renuncio a toda actividad de Satanás en mi vida a través de la iniquidad, transgresión o pecado de mis padres, abuelos, ancestros y aun de mí mismo".

"Me arrepiento de pensamientos, palabras y acciones conscientes y subconscientes que han deshonrado a Jesús; y te pido perdón. Te ruego, Señor, que me limpies y me hagas libre de todas estas fuerzas malignas."

"Jesús, yo renuncio al diablo, a los demonios y a todas sus obras, influencias, ataduras, opresiones, maldiciones y enfermedades que están presentes en mi vida. Renuncio a toda influencia demoníaca que me aparta de tu camino. Te pido que realices en mí una liberación total, pues creo que a través de tu muerte y resurrección Tú me das libertad. Señor Jesús, te pido que seas el Señor absoluto de mi vida. ¡Amén!"

3. El proceso de autoliberación

Debido a que éste es un asunto entre el Señor y usted, es recomendable que haga esto a solas. (Es bueno tener a la mano un pañuelo en caso que usted llore). Tan pronto haya hecho la oración y la declaración anterior, comience a nombrar cada uno de los espíritus. Si usted no sabe el nombre de los espíritus que se manifiestan, entonces, dele una orden al espíritu que está detrás de la opresión o la influencia, usando palabras como estas:

"Yo le ordeno a todo espíritu detrás de esa influencia maligna que suelte mi cuerpo, ¡ahora mismo! en el nombre de Jesús".

Si por el contrario, usted tiene claro cuál es el espíritu o los espíritus que lo están oprimiendo, puede hacer una oración como la siguiente:

"Espíritu de rechazo, te ato y te ordeno en el nombre de Jesús que salgas de mi vida. Rompo tu poder y declaro que soy libre, ¡ahora mismo! en el nombre de Jesús".

Esto debe hacerlo espíritu por espíritu, área por área. Renuncie, luego átelo, y por último, ordénele que se vaya en el nombre de Jesús, para que salga de su vida.

Para ese momento usted puede encontrarse tosiendo, bostezando, y hasta es posible que vomite a medida que el Espíritu Santo lo va haciendo libre. Si no hay una evidencia espontánea de liberación, entonces comience a toser y a respirar profundamente. Usted encontrará que ese toser voluntario va a continuar hasta que los espíritus responsables por cada condición se hayan ido. Toser voluntaria o deliberadamente, es para usted un paso de fe, pero para los demonios, es una señal que deben irse, igual como ocurre con el acto de echarlos fuera. He encontrado que durante la liberación, algunas reacciones demoníacas pueden ser notorias, y se muestran con movimientos de diferentes partes del cuerpo de la persona que está recibiendo la liberación. Por ejemplo, pueden ocurrir movimientos en el área del abdomen, las manos, las expresiones de la cara y otros.

Algunos consejos para el momento de la autoliberación:

- Nunca converse con ningún espíritu que hable a su mente. Ordénele que esté en silencio y que salga en el nombre de Jesús. Entonces, comience a toser deliberadamente, hasta que sienta que se va.

La Autoliberación

- Los demonios quizá quieran distraerlo haciéndolo llorar.

  Esta suele ser una táctica para demorar el proceso, por lo tanto, no ceda sino que tosa deliberadamente o bostece hasta que ellos obedezcan y se vayan; entonces, notará que el deseo de llorar desaparecerá.

- Permanezca sentado todo el tiempo y rehúsese a ceder a cualquier fuerza que lo quiera hacer caer en el piso o gritar. Rehúsese, en el nombre de Jesús, a obedecer a los demonios, y se dará cuenta que usted está en control.

- Reclame y aprópiese por fe de su liberación completa. Crea que ya la recibió. Algunas veces los demonios tratan de hacerle creer que nada ha sucedido, especialmente cuando no hay manifestaciones físicas de su presencia. Los primeros días y semanas los espíritus tratan de convencerlo de que usted no es libre, y pueden usar estrategias como los mismos deseos y síntomas que usted tenía antes de ser libre, pero es en ese momento que usted tiene que tomar autoridad sobre ellos. Algunas veces, los demonios también tratarán de traer a su mente pensamientos de duda, pero usted debe reprenderlos.

- Si usted lo hizo por primera vez y no fue libre totalmente en algunas áreas, hágalo otra vez, en las áreas específicas que quedaron sin liberar.

- Crea que lo que está diciendo está sucediendo. La llave para desatar su fe es la confesión que usted hace en voz alta con su boca.

- Trabaje muy de cerca con el Espíritu Santo. Él le mostrará áreas de su vida que necesitan liberación, y a lo mejor usted ha pasado inadvertidas. Él se las traerá a la mente y estará con usted todo el tiempo.

- Sea paciente, ya que algunas ataduras pueden ser débiles, mientras que otras pueden ser muy fuertes. Una atadura débil puede ser rota al instante; sin embargo, una atadura fuerte puede tomar un tiempo más prolongado para romperse.

Algunas personas esperan que años de problemas se puedan resolver con una hora de consejería y liberación. Esto no es así. Ser totalmente libre envuelve una fuerte guerra espiritual, esfuerzo y disciplina de parte de la persona que anhela ser liberada. Incluso, pueden pasar largos períodos de tiempo hasta que todas las ataduras sean rotas. Algunas personas recaen o desmayan durante el proceso de ser completamente libres.

4. Ore por limpieza y renovación

Comience a orar para que el Señor limpie cada área de su cuerpo, su alma y su espíritu; pídale que llene las áreas que los espíritus dejaron vacías. Una de las maneras como una persona puede recibir limpieza total, es respirando profundamente. Este es un acto de fe.

Un consejo final, mantenga su liberación, apártese del pecado, ore todos los días, lea la Palabra, reprenda todo mal pensamiento que el enemigo le envíe a su mente; sea lleno del Espíritu Santo, asista a una iglesia continuamente y resista al enemigo.

Algunos principios importantes:

- Las ataduras son influencias que le impiden a las personas hacer lo correcto delante de Dios.

- La autoliberación puede ser practicada por cualquier creyente.

- La falta de arrepentimiento, la falta de perdón y la incredulidad son los grandes obstáculos para recibir liberación.

- La liberación puede ocurrir al instante o gradualmente.

- La autoliberación es posible cuando se trabaja junto con el Espíritu Santo.

Libros por Guillermo Maldonado

Ascendiendo en oración y descendiendo en guerra
Como ayunar efectivamente
Cómo caminar en el poder sobrenatural de Dios
Cómo oír la voz de Dios
Cómo ser libre de la depresión
Como volver al primer amor
Descubra su propósito y su llamado
El carácter de un líder
El fruto del Espíritu
El ministerio del apóstol
El reino de Dios y su justicia
El reino de poder. Cómo demostrarlo aquí y ahora
Esperanza en tiempos de crisis
Evangelismo sobrenatural
Fundamentos Bíblicos para el nuevo creyente
Jesús sana tu enfermedad
La doctrina de Cristo
La familia feliz
La generación del vino nuevo
La gloria de Dios
La inmoralidad sexual
La madurez espiritual
La oración
La toalla del servicio
La unción Santa
La liberación, el pan de los hijos
Lideres que conquistan
Los peligros de no perdonar
Sanidad interior y liberación
Venciendo el miedo
Venciendo el orgullo

Bibliografía

Biblia Plenitud. 1960 Reina-Valera Revisión, ISBN: 089922279X, Editorial Caribe, Miami, Florida.

Breaking Unhealth Soul-ties, copyright 1999, Impact Christian Books, Inc. 332 Leffingwell Ave., Suite 101 Kirkwood, MO 63122, printed in USA. ISBN: 0892281391

Caballeros, Harold. De Victoria en Victoria. Edición 1999 Caribe/Betania, Editores Nashville, TN, Miami FL, impreso en EUA. ISBN: 0-88113-541-0

Cabral, J. Religiones, Sectas y Herejías. ©1982 Editorial Vida, Miami, FL 33166, impreso en EUA. ISBN: 0-8297-1282-8

Dewberry, Harold R, PhD. Feed my Sheep, Feed my Lambs.

Dewberry, Harold R, PhD. New Vine Press, PO Box 17, Chichester West Sussex, PO 20 6YB, England, Copyright 1993,
ISBN: 1874367396, Third edition 1995.

Diccionario Español a Inglés, Inglés a Español. Editorial Larousse S.A., impreso en Dinamarca, Núm. 81, México,
ISBN: 2-03-420200-7, ISBN: 70-607-371-X, 1993.

Eckhardt, John. Behemoth and Leviatan, Published by Crusaders Ministries, PO Box 7211, Chicago IL 60680,
ISBN: 1883927-02-1, impreso en EEUU.

El Pequeño Larousse Ilustrado. 2002 Spes Editorial, S.L. Barcelona; Ediciones Larousse, S.A. de C.V. México, D.F.,
ISBN: 970-22-0020-2.

Expanded Edition the Amplified Bible. Zondervan Bible Publishers. ISBN: 0-31095168-2, 1987 – Lockman Foundation USA.

Gibson, Noel y Phyl. Evicting Demonic Intruders. New Vine Press, PO Box 17, Chichester West Sussex, PO 20 6YB, England, Copyright 1993, ISBN: 1874367094

Hamon, Bill Dr. Prophets Pitfalls and Principles, Published by Destiny Image, 107 Walnut Bottom Road, Shippnsburg, PA 17257-0310.

Hewett, James S. Illustrations Unlimited. Tyndale House Publishers, Inc., Wheaton, Illinois, 1988.

Horrobin, Peter J. Healing Throught Deliverance, The Biblical Basis (volume 1), edition 1991, 1994.

Horrobin, Peter J. Healing Throught Deliverance, The Practical Ministry (volume 2), 1995 first edition, Sovereigh World Ltd., PO Box 777 4 on Bridge, Kent, TN 11 9XT, England, ISBN: 1-85240-039-0.

Lahaye, Tim. Temperamentos Controlados por el Espíritu. Tercera edición 1990, Publicado por Editorial Unilit, Miami, FL., impreso en EUA. ISBN: 8423-6254-1

Maldonado, Guillermo. Sanidad Interior y Liberación, 5ta edición, ©2004, Publicado y editado en GM International, 13651 SW 143 Ct., #101, Miami, FL 33186, impreso en EUA.
ISBN: 1-59272-002-1

Méndez Ferrell, Ana. Los Cielos serán Conmovidos, Casa Creación, Segunda edición 1999, Strang Communications, 600 Rinehart Road, Lake Mary, FL 33746, ISBN: 0-88419-701-8.

Notas realizadas por Carlos Valenzuela.

Reina-Valera 1995 - Edición de Estudio, (Estados Unidos de América: Sociedades Bíblicas Unidas) 1998.

Strong James, LL.D, S.T.D., Concordancia Strong Exhaustiva de la Biblia, Editorial Caribe, Inc., Thomas Nelson, Inc., Publishers, Nashville, TN - Miami, FL, EE.UU., 2002.
ISBN: 0-89922-382-6.

The New American Standard Version. Zordervan Publishing Company, ISBN: 0310903335.

The Tormont Webster's Illustrated Encyclopedic Dictionary. ©1990 Tormont Publications.

Vine, W.E. Diccionario Expositivo de las Palabras del Antiguo Testamento y Nuevo Testamento. Editorial Caribe, Inc./División Thomas Nelson, Inc., Nashville, TN, ISBN: 0-89922-495-4, 1999.

Ward, Lock A. Nuevo Diccionario de la Biblia. Editorial Unilit: Miami, Florida, ISBN: 0-7899-0217-6, 1999.

www.Todotarot.com.ar/Avisos/acupunturaavisos.htm

www.angelfire.com/qa/metlsystem/metafísica.htm

http://home.flash.net/~coviedo/s-howdoe.htm

Para ver el catálogo completo de libros, manuales y prédicas del apóstol Guillermo Maldonado, en inglés y español, para encontrar la librería local más cercana o para comprar directamente de la casa editorial:

ventas@elreyjesus.org

www.elreyjesus.org

Ministerio Internacional El Rey Jesús
14100 SW 144th Ave. Miami, FL 33186
Telf. 305.382.3171 – Fax 305.382.3178

www.ingramcontent.com/pod-product-compliance
Lightning Source LLC
LaVergne TN
LVHW051549070426
835507LV00021B/2482